Coleção Vértice
15

A CAMINHO
DO CÉU

Conheça nossos clubes   Conheça nosso site

@editoraquadrante
@editoraquadrante
@quadranteeditora
Quadrante

LEO J. TRESE

A CAMINHO
DO CÉU

Tradução
José Eduardo Vieira Coelho

3ª edição

QUADRANTE

São Paulo
2024

Título original
Everyman's road to heaven

Copyright © 1989 by Nazareth College in Kalamazoo,
Indiana, EUA

Capa
Gabriela Haeitmann

Dados Internacionais de Catalogação na Publicação (CIP)

Trese, Leo J.
    A caminho do céu / Leo J. Trese – 3ª ed. – São Paulo : Quadrante, 2024.
    ISBN: 978-85-7465-070-8 - coleção
    ISBN: 978-85-7465-443-0
    1. Igreja Católica Apóstolica Romana 2. Doutrinas I. Título II.
Série

CDD-282

Índice para catálogo sistemático:
1. Igreja Católica Apóstolica Romana 2. Doutrinas

Todos os direitos reservados a
QUADRANTE EDITORA
Rua Bernardo da Veiga, 47 - Tel.: 3873-2270
CEP 01252-020 - São Paulo - SP
www.quadrante.com.br / atendimento@quadrante.com.br

Sumário

Por que estou aqui? 7

A realidade do pecado 15

Será mesmo pecado mortal? 23

Um passo adiante 31

Acontecerá contigo 39

Como é o céu? 47

Assim é o inferno 55

Obrigado, meu Deus, pela confissão 63

Confissões apressadas e graça desperdiçada 71

«Vinde a mim» 77

O que só tu podes dizer 83

Como rezas? 89

Valor e compaixão 97

Guardião do meu irmão 105

Que fazes por Cristo? 111

Como morre um cristão? 119

Por que estou aqui?

O diretor de uma colossal «superprodução» está ocupado na tarefa de escolher uma atriz para protagonista do filme. Está sentado diante da mesa de trabalho, sobre a qual se encontram espalhadas dezenas de fotografias enviadas pelos agentes cinematográficos. Depois de repassá-las durante um certo tempo, escolhe uma delas, contempla-a detidamente e diz à secretária: «Sim, este é o tipo de mulher de que necessito. Telefone-lhe e marque um encontro para amanhã».

É desnecessário dizer que há uma imensa diferença entre um diretor cinematográfico e Deus, entre Hollywood e o Céu. Contudo, por meio deste exemplo – imperfeito – podemos ter uma ideia da razão de ser da nossa existência. No mais profundo da eternidade – falando em termos humanos –, Deus projetou todo o universo e escolheu os protagonistas – todos – do grande enredo que deveria desenrolar-se até o final dos tempos. Pela sua mente divina foram desfilando as fotografias das almas – ilimitadas em número – que Ele podia criar. Quando deparou com a tua imagem, deteve-se e disse: «Aqui está uma alma que me cativa. Necessito dela para que desempenhe um papel único, pessoal, e, depois, goze da minha presença durante toda a eternidade... Sim, vou criá-la».

Insisto em que se trata de uma comparação muito pobre, radicalmente inadequada, porque não podemos imaginar a forma de atuar de Deus. Mas corresponde de alguma maneira à realidade. Deus te criou porque te amava mais do que a outros milhões e milhões de almas cujas imagens estavam também presentes na sua mente divina. Mais ainda, mesmo que também as tivesse amado, decidiu-se por ti porque havia alguma coisa no seu projeto divino (uma tarefa, um papel) que ninguém poderia desempenhar tão bem como tu. Foi por isso que te escolheu e te criou entre milhões e milhões de outras almas «possíveis».

Nós, cristãos, chamamos vocação a esta profunda convicção de que as nossas vidas têm um propósito, um objetivo, uma missão; de que fomos chamados a desempenhar um papel insubstituível neste mundo e somos objeto único do amor de Deus, tanto nesta vida como na outra. Nós, cristãos, sabemos que temos importância para Deus *individualmente*, que não somos uma alma mais entre bilhões e bilhões delas, criadas e lançadas aos quatro ventos por um Deus distraído e ausente; que todas elas lhe interessam uma a uma; que nos ama com um amor intenso, pessoal..., quase diríamos ansioso.

A nossa vocação cristã impõe-nos o dever de corresponder a esse amor de Deus, de não frustrá-lo. E cumprimo-lo quando procuramos, dia após dia, fazer a vontade divina da melhor maneira possível. O que quer dizer que fazemos dessa vontade a nossa bússola, o norte que orienta a nossa vida, e que, quando escolhemos, quando decidimos, «o que Deus quer» antepõe-se sempre ao «que eu quero», ao que me agrada ou apetece.

Isso não significa que a vontade de Deus e a minha tenham que estar sempre em conflito. Na maior pane dos casos, fazer a vontade divina é uma coisa sumamente atrativa; em outros, a nossa vontade coincide exatamente com o que Deus quer. Mas o conflito pode surgir, e devemos estar dispostos a retificar sempre que percebamos que a nossa vontade e a de Deus tomam rumos diferentes; será uma prova infalível de que amamos a Deus, a melhor maneira de correspondermos ao seu amor.

Este sólido estar ancorado na vontade de Deus é o que justifica também que Deus nos tenha escolhido para realizar certa tarefa. Normalmente, não costumamos saber qual é essa tarefa (alguma coisa que só nós podemos fazer). Talvez seja a de servirmos de instrumento para a conversão de determinadas almas, ou a de levarmos adiante uma ação concreta ou evitarmos algum mal... O mais provável é que até o dia do Juízo não saibamos qual era o papel que nos cabia desempenhar. Mais uma razão para que procuremos, dia após dia, fazer a vontade de Deus em tudo, no pequeno e no grande.

Não sabemos quais das nossas ações deverão ser a nossa contribuição exclusiva e essencial para os planos de

Deus, ou que palavras, de todas as que dizemos, são as que Ele esperava que pronunciássemos. O que sabemos, sem dúvida, é que devemos viver cada dia – e cada momento de cada dia – como se esses fossem o dia e o momento escolhidos por Deus. Se não atuarmos assim, corremos o perigo de defraudá-lo, de não levar a cabo aquilo para que nos escolheu. E se defraudamos a Deus, fracassamos.

A nossa vocação cristã comporta, pois, sérias responsabilidades. Mas também oferece enormes compensações. Uma delas é a certeza de que valemos muito. Se sou importante para Deus, então é porque sou realmente importante. Pode ser que os outros não acreditem nisso, talvez porque eu não seja muito inteligente nem muito hábil. Talvez me tenham na conta de pessoa medíocre, porque a minha condição é modesta e o meu trabalho humilde. Talvez eu próprio me sinta inferior em comparação com outros «triunfadores». Mas não devo esquecer em momento algum que o dinheiro, a popularidade, as honras, todas essas coisas pelas quais o mundo mede o êxito não são para Deus senão ninharias, brinquedos infantis. Mais cedo ou mais tarde teremos que deixá-las de lado, se não se estragarem antes.

O importante é que, valha muito ou valha pouco, seja esperto ou curto de cabeça, se estou em estado de graça e procuro cumprir a vontade de Deus ao longo da minha vida, até o ato mais trivial e insignificante que realize tem um valor eterno, imperecível. Ainda que o mundo me considere pouco, até o meu menor suspiro tem valor para Deus. Voltando a falar em termos humanos, Deus me criou porque precisa de mim. Alguma coisa deve ser feita, alguma coisa que só eu posso fazer. Por acaso há coisa maior, mais valiosa, do que saber que Deus precisa de mim? Pouco importa que eu não saiba exatamente qual é o papel que desempenho nos planos de Deus; é suficiente saber que, aos seus olhos, valho tanto ou mais do que essas pessoas que o mundo admira, aclama ou louva.

Tudo isso não é soberba nem vaidade: a soberba consistiria em declarar-me independente de Deus e pensar que o que valho depende de mim, que é mérito meu; a vaidade, em alardear tolamente os dotes naturais mais aparentes que Deus me deu. Não é humildade pretender que não valho nada, que a minha vida não tem sentido, que não se teria perdido nada se eu não tivesse nascido. É verdade que, separado de Deus, não sou nada, não valho nada, mas também é verdade que o amor de Deus me engrandeceu. Reconhecê-lo assim é fazer justiça a Deus. Jamais devemos sucumbir à tentação de dizer: «Não sou bom, não valho nada. Sou um fracasso...»

Também não devo autocompadecer-me, pensar que «ninguém me ama», que ninguém se importa comigo. Que triste coisa seria – sabendo quanto Deus me ama – choramingar e lamentar-me por não me estimarem tanto como eu desejaria! Seria tão estúpido como a atitude do multimilionário que se lamentasse por ter perdido cinco moedas num caça-níqueis. Os que se autocompadecem fazem-no porque lhes falta fé ou porque ignoram as verdades da nossa religião. O amor que Deus nos tem é uma coisa tão grandiosa!

Da minha vocação cristã deriva também outra consequência: a tranquilidade de saber que estou livre de preocupações mais sérias. Se verdadeiramente creio que Deus me ama com um amor infinito – o que é absolutamente certo – e que quer sempre o melhor para mim – o que é igualmente certo –, as minhas preocupações não podem durar muito nem ser muito intensas. Deus é infinitamente sábio: Ele sabe o que me convém. E infinitamente poderoso: pode realizar tudo o que quiser. Sendo assim, como hei de sair perdendo se procuro agir retamente, fazendo uso da inteligência e da vontade que Ele mesmo me deu?

Poderei cometer erros, logicamente, porque não sou infalível. Mas deles Deus tirará proveito e anotará a minha própria estupidez no «haver» da minha conta. Um pai que atropela o seu próprio filho ao tirar o carro da garagem, uma mãe que trabalha demais e perde o filho que ia ter, têm que sentir uma enorme pena pelo que lhes aconteceu. Mas seria falta de fé se passassem o resto da vida sentindo-se culpados e cheios de remorsos. Seria falta de fé se não confiassem em que dos seus erros humanos Deus há de tirar algo de bom.

O mesmo se pode dizer a respeito dos males e misérias que nos atingem por causa da malícia alheia. Deus outorgou-nos uma vontade livre para que pudéssemos amá-lo, porque sem liberdade não pode haver amor, só pode haver necessidade. O amor, para ser tal, tem que ser voluntário, «querido». Ora bem, a liberdade é um dom muito perigoso, porque se pode abusar dela. Muitas pessoas inocentes sofrem com frequência porque a má vontade de outras as fere. Poderíamos pensar: «Por que Deus o permite?» Mas, se o pensarmos, esquecemos que, se Deus tivesse que eliminar todas as pessoas que, de algum modo, causam um mal ou tornam infelizes as outras, há muito tempo que tu e eu teríamos deixado de existir.

O que não convém esquecer nunca é que o mal que os homens fazem não destrói os planos de Deus, porque Ele é capaz de incluí-lo neles e submetê-lo à sua vontade. O ódio dos fariseus por Cristo converteu-se em instrumento da nossa própria Redenção. A crueldade dos imperadores romanos encheu o Céu de mártires gloriosos e acelerou a expansão e o desenvolvimento da Igreja. Da tirania comunista bem pode surgir uma nova civilização cristã... E, descendo a um nível pessoal, a «partida» que me pregaram ontem pode redundar em proveito espiritual para mim, se eu souber encaixá-la bem; disso posso estar certo.

Não, não é possível exagerar o amor que Deus me tem, o muito que se ocupa de mim. Ele me ama milhares, milhões de vezes mais do que eu amo a mim mesmo. Sempre estou presente no seu pensamento; Ele jamais se esquece de mim. E não é só a minha felicidade na outra vida o que lhe interessa, ainda que isso seja o mais importante. Também quer que eu seja feliz nesta. Assim como Jesus se compadecia das multidões famintas e fez milagres para alimentá-las, Deus preocupa-se com a minha felicidade aqui e agora. Como humanos que somos – e, portanto, limitados –, não podemos deixar de sofrer e de preocupar-nos, de um modo ou de outro. Mas se estivermos convencidos de que Deus nos ama e se interessa por nós, nunca permitiremos que o sofrimento nos abata ou as preocupações nos esmaguem.

Deus me ama. O seu amor envolve-me, por assim dizer, como os braços fortes de um pai. Se perder o seu amor, será unicamente porque o rejeito voluntariamente, nunca porque Ele deixou de amar-me ou porque me repeliu.

Deus me ama. Esta é a última e suprema razão da minha existência. É sobre esta convicção, sobre esta realidade fecunda, que devo construir toda a minha vida espiritual.

A realidade do pecado

Sempre que falo de pecado, sobretudo do pecado mortal, vem à minha mente a triste recordação de uma tragédia que presenciei um dia. Um menino de uns três anos corria pelo jardim da sua casa, perseguido pela mãe. «Vem cá, Timmy, vem cá!», gritava a mãe. «Não vás para a rua!» Mas Timmy não fez caso. Transpôs a cerca, contornou habilmente os automóveis estacionados na calçada e começou a atravessar a rua, até que um carro que passava o lançou pelos ares. Seu corpo despedaçado foi cair quase nos braços da mãe.

Prescindindo de que Timmy era demasiado criança para responder pelos seus atos, a cena lembra-me muito a atitude de Deus para com os pecadores. «Vem cá, vem cá», grita Ele ansiosamente com a sua Graça, quando uma alma corre para o pecado. Mas o pecador, alheio a tudo o que não seja o seu desejo, faz ouvidos de mercador à voz de Deus e corre voluntariamente ao encontro da morte.

A estupidez é um elemento sempre presente no pecado. Como sabemos, o pecado é um ato deliberado de desobediência a Deus. Quando pecamos, fazemos alguma coisa que Deus proibiu ou nos negamos a fazer alguma coisa que Ele mandou. Ignoramos – ou tratamos de esquecer – que Deus estabeleceu os seus mandamentos para nosso próprio benefício, não para benefício dEle. Os mandamentos são «a cerca do jardim», posta por Deus para evitar que nos firamos ou que firamos os outros.

Para percebê-lo, basta imaginar como seria o mundo se todos guardássemos fielmente os mandamentos da Lei de Deus. Não haveria crimes, nem injustiças, nem desonestidades, nem nascimentos ilegítimos, nem abortos, nem lares destruídos. Seriam desnecessários os policiais, as prisões, os exércitos e as frotas aéreas e navais. Todo o mundo viveria em paz e harmonia. É desnecessário dizer que se trata de uma utopia, porque sempre haverá homens que escutarão a voz da sua serpente particular no seu próprio paraíso: a voz da soberba, da luxúria ou da avareza. Contudo, ainda que muitos rejeitem o que Deus lhes oferece para fazê-los felizes, tu e eu, pessoalmente, cumprindo os Mandamentos, podemos alcançar o maior grau de felicidade possível nesta vida. É esta realidade – o fato de estar sabotando a sua própria felicidade – que o pecador se nega estupidamente a reconhecer.

Quando compramos um aparelho moderno, caro e sofisticado – uma lavadora automática, uma câmara de vídeo, um equipamento de alta fidelidade –, costumamos seguir escrupulosamente as instruções do fabricante para o seu uso e bom funcionamento. Compreendemos perfeitamente que quem o fez conhece a melhor maneira de fazê-lo funcionar. Pois bem, Deus é o nosso fabricante, o nosso *construtor*, e conhece melhor do que ninguém a forma como funcionamos. Com os Dez Mandamentos, pôs à nossa disposição um «folheto de instruções» que nos permitirá funcionar perfeitamente nesta vida e ser felizes. Que loucura é pensar que conhecemos melhor que Deus onde e como encontrar a felicidade! Que estupidez pensar que somos mais espertos que Ele! No entanto, o pecador costuma fazer o seguinte raciocínio: «Quero fazer tal coisa. Sei que não agrada a Deus, mas agrada a mim. Por que há de prejudicar-me? Quer Ele queira, quer não, vou fazê-la...» Todos compreendem a estupidez do motorista que, para chegar a tempo a um encontro ou pela simples mania de correr, viola as leis do trânsito, ultrapassa outro automóvel pela tangente e se choca com um terceiro que vinha em sentido contrário. Pois bem, mais estúpido ainda é o pecador que faz caso omisso dos Mandamentos e caminha para uma morte certa.

O mal que aquele que peca faz a si próprio é muito mais grave que o que faz quem descura a saúde física, ainda que se note menos. Talvez um exemplo melhor que o do motorista seja o de uma pessoa que trabalha com material radioativo e o faz sem qualquer proteção. O mal que causa a si próprio, como no caso do pecador, demora a aparecer, mas a sua saúde está sendo grave e irreversivelmente minada, ainda que não o pareça. A pessoa que peca pode pensar que «não acontece nada», que pode desfrutar impunemente da sua desobediência, mas, por dentro, está perdendo a possibilidade de ser feliz. Na sua soberba, não chegará a admiti-lo, mas mais cedo ou mais tarde acabará por descobrir que com Deus não se brinca.

Além deste elemento de insensatez, há no pecado outro nada desprezível: a ingratidão. Deus me criou porque, por alguma razão insondável e incompreensível para mim, se enamorou de mim quando me vislumbrou na sua mente. Desde toda a eternidade, acariciou esse pensamento acerca de mim e desejou partilhar comigo, para sempre, a sua própria felicidade inefável. Num momento determinado do tempo, criou-me, e a partir desse instante vem-me oferecendo inúmeras graças. Chegou ao extremo de fazer-se Homem, como eu, e de morrer numa cruz para que eu me salve e alcance essa felicidade inefável: devemos lembrar-nos de que Jesus Cristo teria morrido por mim, mesmo que eu tivesse sido o único homem necessitado de salvação.

Sim, Deus fez tudo o que a sua infinita sabedoria podia idealizar para garantir-me o acesso à felicidade que quer me dar. Pois bem, há uma coisa que não pode fazer por mim, uma parte do seu plano que só eu posso cumprir: amá-lo. Só o amor que eu tenha por Ele me dará condições para ser feliz no Céu. Sem o amor de Deus no meu coração, sou tão incapaz de desfrutar dessa felicidade como um pedaço de madeira de transmitir uma corrente elétrica. Nem o próprio Deus, com a sua onipotência, pode fazer-me participar da sua alegria se eu não me abrir a ela procurando amá-lo com todas as minhas forças. Sem o amor a Deus, a felicidade do Céu terá menos sentido para mim que uma sinfonia de Beethoven para uma vaca. Sim, Deus terá que *ajudar-me* a amá-lo, porque, sem a sua ajuda – sem a sua graça –, eu não poderia fazê-lo, mas o ato livre, *voluntário*, pelo qual escolho a Deus como o Bem Supremo, acima de todas as coisas, é algo que me cabe por inteiro e que ninguém pode realizar por mim.

Este amor a Deus não é uma questão de sentimentos. Mesmo no amor humano, o sentimentalismo não é uma boa medida do amor. Um homem pode derramar lágrimas lendo uma carta da esposa e, logo a seguir, ser-lhe infiel com uma desconhecida. O que de verdade prova o amor que temos por uma pessoa é o que somos capazes de fazer por ela, não o nosso sentimentalismo. Isso é ainda mais certo quando se trata do amor a Deus, um amor que deve estar arraigado na vontade, não nos sentimentos ou nas emoções passageiras. Se estamos dispostos a fazer o que Deus nos pede, se *queremos* fazê-lo – ainda que nos custe –, então, e só então, o amamos de verdade.

Deus estabelece os seus mandamentos para o nosso bem, não para pôr à prova o nosso amor. No entanto, guardá-los é uma prova de que o amamos, porque, se de verdade o amamos, faremos o que Ele nos pede, por muito que nos custe. Se não obedeço a Deus, é porque não o amo. Não há meio termo. É neste ponto que se torna patente a ingratidão do pecador. Pode-se dizer que «Deus enlouqueceu» quando derramou sobre mim os seus dons, sobretudo o de participar da sua própria felicidade e vida divina no Céu; e que a essa «loucura» eu correspondo zombando dEle, quando peco. Ao amar a mim mesmo mais do que a Ele, nego-me a dar o passo – o único passo – que Ele me pede para completar os seus esforços: a obediência. *Prefiro* esse prazer, essa satisfação, essa «vantagem» ou essa «compensação» que «o corpo me pede». E se isso exige que renuncie ao seu amor... bem, tanto pior para Ele... Isso, e não outra coisa, é o que eu faço quando peco, ainda que não o reconheça.

Como é óbvio, não tenho a valentia de encarar de frente todo o alcance dessa minha ação... e continuo pecando. Não me atrevo a admitir que, na realidade, não amo a Deus. Por isso nego-me a escutar a voz da minha consciência. Procuro não pensar na estupidez e na ingratidão que se encerram no que fiz, para poder dizer depois que, no fundo, «não queria fazer nada de mau». O que não evita que o mal continue ali, nem que eu continue a ser vítima das suas consequências.

Outra maneira de sair pela tangente é pretender que, *nesse* caso concreto, nas *minhas* circunstâncias, a Lei de Deus não é aplicável ao que eu fiz. É a atitude, por exemplo, de quem decide casar-se com uma mulher divorciada. Os meus filhos precisam de uma mãe... Além disso, eu gosto dela... Deus saberá compreender... É uma forma de raciocinar que confunde Deus com uma avó de coração mole, que faz vista grossa quando a sua netinha descobre o esconderijo dos caramelos...

Não, não podemos forjar um Deus ao nosso gosto. Não podemos pretender que seja como nos convém. Esse Deus bonacheirão, senil, que faz vista grossa, não existe. É misericordioso, sim, mas também justo.

Outra forma ainda de nos enganarmos é empenhar--nos em distinguir entre Deus e a Igreja que Ele próprio fundou. O que fazemos, neste caso, é pretender que estamos dispostos a obedecer às leis de Deus, mas sempre que estejamos convencidos de que são na realidade as suas leis; quer dizer, erigindo-nos em juízes. Por outras palavras: obedeceremos aos mandamentos que nos cheguem *diretamente* de Deus, mas não assumiremos nenhuma obrigação que nos seja imposta por «intermediários».

Lembro-me, a este propósito, de uma senhora que se gabava diante das suas amigas de confessar-se e comungar regularmente, mas que não dizia no sacramento da Penitência que tomava anticoncepcionais, porque – declarava – «a Igreja é muito rigorista» e «os padres não têm por que meter-se nestes assuntos». Imagino Jesus (que disse aos seus sucessores: *Quem vos escuta a Mim me escuta*) contorcendo-se outra vez em agonia na cruz diante do lamentável raciocínio dessa senhora. Porque a verdade é que a Igreja é o próprio Corpo Místico de Cristo, e, portanto, Ele vive nela. Não é possível separar Cristo do seu próprio Corpo. A nossa fé estaria agonizando se alguma vez disséssemos: «Bem, isso é só um mandamento da Igreja».

Com frequência, a perda da fé é o resultado de uma longa trajetória de pecados. Não podemos viver em constante conflito conosco próprios, não podemos sustentar uma longa guerra dentro de nós. Se a fé continuar a recriminar-nos por algum comportamento a que não estamos dispostos a renunciar, então teremos que estabelecer algum tipo de paz conosco próprios, por muito artificial que seja. Alguém terá que ceder, e se não for o nosso comportamento, será a nossa fé; depois, trataremos de nos convencer de que essa fé era falsa, uma mentira...

Esta é, em resumo, a triste história do pecado. Uma história de estupidez e de ingratidão, uma história de substituição da autêntica felicidade por enganosas satisfações pessoais; uma história de amor que agoniza e de fé que se extingue. Por isso precisamos, todos, de rezar diariamente: «Ó meu Deus, livrai-me do pecado».

Será mesmo pecado mortal?

Certa vez, um penitente perguntou-me o que podia fazer para evitar o pecado mortal. Recordei-lhe o que certamente tinha aprendido, de pequeno, no catecismo: que rezasse todos os dias com fervor, especialmente quando fosse assaltado pela tentação; que frequentasse os sacramentos; que procurasse evitar pessoas, lugares e coisas que pudessem induzi-lo a pecar...

«Não me esqueci disso», respondeu-me, «e procuro fazê-lo. Mas parece-me que não é suficiente...». «Talvez», disse-lhe eu, «o que você tenha esquecido sejam as condições sem as quais não existe pecado mortal. Não será que você é excessivamente escrupuloso?... Se faz tudo o que está ao seu alcance, Deus não deixará de lhe dar as graças necessárias para evitar que peque mortalmente».

No cumprimento da nossa tarefa de amar a Deus, o primeiro passo indispensável é evitar a todo o custo o pecado mortal, porque são duas coisas inconciliáveis. Pela sua própria natureza, o pecado mortal significa a radical rejeição de Deus, o desprezo absoluto do seu amor.

A desobediência própria do pecado venial é outra coisa, pois difere da desobediência própria do pecado mortal não só em grau ou quantidade, mas também em gênero, classe ou qualidade.

Evitar o pecado mortal é algo absolutamente imprescindível, essencial, para se poder amar a Deus, e é também a primeira prova desse amor. Por isso, é importantíssimo que saibamos com clareza quais são os seus elementos constitutivos. Seria uma pena que, por desconhecê-los, pensássemos ter cometido um pecado mortal quando era apenas venial.

Para que um pecado seja mortal, são necessários três requisitos: 1º Que o que fazemos – ou o dever que omitimos – seja *matéria grave*. 2º Que tenhamos conhecimento *suficiente* do que fazemos. 3º Que *consintamos plenamente* no que fazemos.

Examinemos cuidadosamente estes três elementos.

Matéria grave significa que se trata de alguma coisa séria e reprovável do ponto de vista de Deus, não do de uma apreciação humana ou dos convencionalismos sociais. Há pessoas que admitem que o adultério é uma coisa grave, mas que se pode flertar impunemente com uma mulher casada; no entanto, para Deus, ambas as coisas são graves. Outros proclamam que matar um homem é algo abominável, mas encolhem os ombros diante de um aborto. Alguns condenam o roubo com violência, mas defraudam e roubam nos seus negócios... Que pouca diferença existe, aos olhos de Deus, entre uma coisa e outra!

Ao apurarmos a gravidade de um pecado nas nossas vidas, temos que ter a certeza de que estamos alinhados com o pensamento de Deus; seria lamentável que exagerássemos a gravidade de um pecado que cometemos (por exemplo, que pensássemos que estamos em pecado mortal por termos usado o nome de Deus em vão ou termos dito alguma mentira), mas muito mais lamentável seria que a diminuíssemos. Infelizmente, quando a matéria é grave, o demônio (ou o nosso amor próprio) costuma utilizar o estratagema de sussurrar-nos ao ouvido: «Não se deve exagerar... O que você fez não pode ser tão mau... Você não é capaz *disso*...»

Conhecimento suficiente quer dizer que sou consciente do que estou fazendo e de que isso que estou fazendo é um pecado. Evidentemente, ninguém pode cometer um pecado enquanto dorme, por horríveis que sejam os seus sonhos. Obviamente, também não se peca pelo simples fato de ter havido um esquecimento (ninguém peca por comer carne se esquece que é dia de abstinência), nem por erro ou ignorância, a menos que seja um erro ou uma ignorância culposos.

Também não devo me sentir culpado *hoje* se descubro que uma coisa que fiz *ontem* era pecado. Há pessoas que se torturam às vezes recordando atos pecaminosos que praticaram na juventude sem saber que o eram.

Não é necessário dizer que o contrário é igualmente certo. Se pratico deliberadamente alguma ação convencido de que é pecado grave, é pecado para mim, ainda que depois descubra que não o era. Se roubo um milhão e depois descubro que esse dinheiro era meu, peco tal como se não o fosse, pois sabia que a minha ação ofendia a Deus; a minha ignorância não destrói a malícia do ato praticado.

Ainda quanto ao conhecimento suficiente, costuma haver um risco contra o qual convém estarmos prevenidos: o de nos cegarmos voluntariamente com relação à possibilidade de pecar. Deslizamos para o pecado procurando convencer-nos de que «não há perigo». Depois, uma vez cometido, alegamos que nos vimos apanhados de surpresa... Uma alegação que nos pode enganar a nós mesmos, mas que não convence a Deus.

O *consentimento pleno* da vontade é um elemento imprescindível da rejeição de Deus característica do pecado mortal. Isso quer dizer que o que fizermos, temos que fazê-lo livremente, deliberadamente. Quando algum fator interfere seriamente na nossa liberdade de escolha, deixamos de ser capazes de decidir ou de escolher livremente. É evidente que, se nos forçam fisicamente a fazer alguma coisa, não podemos pecar. Mas existem outros fatores que podem suprimir – ou diminuir – a nossa livre vontade. O medo, o cansaço, a ansiedade, a tensão nervosa ou um conflito emocional podem exercer uma maior ou menor influência sobre a nossa liberdade de escolha. Conforme o grau em que essa liberdade se vir influenciada ou alterada, pode haver pecados que, sendo mortais pela sua própria natureza, se convertam em veniais e mesmo deixem de nos ser imputáveis como tais. Só Deus conhece os efeitos destas ou daquelas circunstâncias sobre a nossa capacidade de decisão. Só Ele pode apreciar o grau do nosso consentimento. Por isso, nesses casos, o que temos que fazer é colocar-nos humildemente nas suas mãos e procurar pedir-lhe perdão com todas as nossas forças, abandonando-nos à misericórdia do seu juízo.

É frequente, também, que só Deus seja capaz de julgar se repelimos ou não a tempo uma tentação. Isso é assim sobretudo com relação aos pecados de pensamento, que podem assaltar-nos de improviso e aninhar-se em nossa mente. Subitamente, percebemos que estamos às voltas com um pensamento pecaminoso – contra a fé, contra a caridade ou contra a castidade – e procuramos expulsá-lo, mas retorna constantemente. Então perguntamo-nos: «Será que soube rejeitá-lo a tempo? Não será que o acolhi com gosto e por isso volta?» Muitas vezes, não somos capazes de resolver o problema; temos que nos contentar com fazer um ato de contrição e deixar o assunto nas mãos de Deus. Contudo, podemos estar quase certos de não termos pecado gravemente se, dia após dia, tivermos procurado evitar os pecados mortais, porque então a dúvida estará a nosso favor.

Há um ponto, no entanto, com relação à livre escolha, que às vezes não se tem em conta: o de que a malícia de um pecado está na *intenção* mais do que na *ação*. No momento em que, deliberadamente, decido cometer um pecado, já o cometi aos olhos de Deus. Suponhamos, por exemplo, que eu tenha decidido roubar um milhão. Nesse mesmo momento, já pequei, ainda que depois venha a acontecer que esse dinheiro deixou de estar ao meu alcance, ou que simplesmente mudei de ideia, pois nenhuma dessas coisas pode apagar um pecado que *já* cometi.

Nesse caso, poder-se-ia dizer – e eu já o ouvi dizer –: «Dá na mesma, então, ir adiante e pegar o dinheiro, pois de qualquer modo o pecado já foi cometido». Ora, além de que é um sofisma pensar que «já que comecei, bem posso continuar pecando», ou «por que parar no meio?», há ainda outra circunstância que está em jogo: o ato externo acrescenta malícia ao ato interno. E isso é especialmente verdadeiro quando a minha ação externa viola os direitos de outra pessoa.

É uma verdade de fé que, com a graça de Deus, todos podemos evitar o pecado mortal. Por muito violentas que sejam as tentações que nos assaltem, a graça de Deus nos ajudará a superá-las. Nunca se pode dar o caso de se cometer um pecado mortal e depois dizer com razão: «Foi inevitável». Se fosse realmente inevitável, não seria um pecado mortal. Mas, se o que quero dizer é que foi «inevitável» por eu não ter tomado as precauções que devia para evitá-lo, a culpa é minha e o pecado também.

Ninguém que tenha fortes tentações pode estranhar que, se não reza diariamente e não recorre a Deus no momento da tentação, acabe por pecar. Se não se confessa com frequência e não recebe a Sagrada Comunhão, o mais provável é que peque e que torne a pecar, porque foi precisamente para nos dar as graças e a fortaleza de que necessitamos que Jesus Cristo estabeleceu esses sacramentos. Se desprezo o sacramento da Penitência ou não recorro a ele com frequência, estou dizendo, de fato, que não me importo de pecar.

Outra loucura semelhante é não nos esforçarmos por evitar as ocasiões de pecado, ou – pior ainda – procurá-las. O casal de moços que estaciona num lugar solitário para «conversar» um pouco, o homem maduro que garante que não o impressiona um espetáculo desonesto, a mulher que não tem qualquer escrúpulo em ler romances obscenos, o homem (ou a mulher) que cultiva o relacionamento com uma pessoa divorciada, todos eles colocam-se em ocasião próxima de pecar mortalmente.

Recorrendo à oração e aos sacramentos e evitando as ocasiões de perigo, podemos – e com certeza conseguiremos – evitar o pecado mortal. Deus só nos pede que empreguemos os meios adequados. Se o fizermos honestamente, de verdade, desaparecerá qualquer dúvida ou escrúpulo que possa assaltar-nos.

Um passo adiante

Aos dezoito ou dezenove anos, deixamos de crescer fisicamente, mas, a menos que tenhamos alguma deficiência psíquica, continuamos a desenvolver a nossa inteligência, a nossa vontade e as nossas aptidões. Se a nossa inteligência não se desenvolvesse, não aumentaria o número de livros e de jornais que se publicam, por exemplo. É que, normalmente, todos procuramos melhorar os nossos conhecimentos, relacionar-nos com mais gente, estar a par do que acontece pelo mundo...

Também cuidamos de desenvolver as nossas aptidões. Por muito bom que seja um cozinheiro, continuará colecionando receitas, experimentando novos pratos, lendo a página de culinária da sua revista favorita. Se alguém gosta de jogar xadrez, sempre estará imaginando novas jogadas e, se for um bom tenista, procurará melhorar o saque, o «drive» ou o «smash». Os pais, por muito bons pais que sejam, procurarão ler livros e artigos sobre a educação dos filhos. Os médicos, estar a par dos novos remédios que são lançados no mercado... A lista poderia abranger qualquer atividade humana, pois o homem, faça o que fizer, sempre procura fazê-lo cada vez melhor.

Isso é o normal. Mas há um âmbito da vida – o mais importante, por certo – que poucos se preocupam de desenvolver: o âmbito do espiritual. A maioria mantém-se na mediocridade, sem perceber que todo o progresso neste terreno proporciona benefícios duradouros.

Sem confessá-lo abertamente, costumamos dar por descontado que «já somos bastante bons». Talvez reconheçamos teoricamente que ninguém é «suficientemente bom» do ponto de vista de Deus, que ninguém está à altura do que Ele lhe pede. Mas, de alguma forma, conseguimos conciliar a teoria com a prática oposta, com os cômodos trilhos espirituais pelos quais corremos.

A nossa primeira e principal tarefa nesta vida é amar a Deus. O requisito mínimo imprescindível para levá-la a cabo é evitar a todo o custo o pecado mortal. Descuidar desse ponto seria uma prova clara de que não amamos a Deus. O passo seguinte consiste em renunciar a cometer qualquer pecado venial *deliberado*.

Se o perguntássemos a alguém, provavelmente nos diria: «Eu não quero ofender a Deus deliberadamente, nem sequer em matéria leve». No entanto, se, concretizando mais, lhe perguntássemos que faz para evitar o pecado venial, veríamos que a sua luta é débil e ineficaz. É que a expressão «pecado venial deliberado» necessita de uma explicação.

Evidentemente, um pecado venial absolutamente indeliberado é algo que não existe. Uma ação cometida sem nenhuma intenção não pode ser pecado. Não podemos ofender a Deus em estado de amnésia, ou em sonhos, ou por acidente, ou por ignorância invencível, pois o que fazemos em tais circunstâncias está desprovido de malícia. Mas há pecados veniais que são semideliberados, cometidos sem um propósito definido ou sem plena consciência: coisas que fazemos sem refletir suficientemente, com precipitação. Um exemplo poderia ser o de quem dá uma martelada no dedo e solta um palavrão que beira a blasfêmia; sabe perfeitamente que esse linguajar constitui uma ofensa a Deus, mas a dor da pancada tira da expressão que lhe veio aos lábios grande parte da sua malícia. Outro exemplo poderia ser o da dona de casa que, cansada de trabalhar todo o dia, se irrita porque o filho derramou um pouco de leite; o seu cansaço diminui notavelmente a voluntariedade da sua ira. Outro, o do marido que, quando chega a casa e a mulher lhe pergunta se pôs no correio a carta que lhe tinha entregue, rapidamente diz «sim», tendo-a no bolso; apanhado de surpresa, mal se dá conta de que disse uma mentira.

Todos esses exemplos constituem casos de pecados veniais semideliberados. Há uma diferença notável entre estes pecados e outros, também veniais, mas cheios de malícia, como roubar um objeto de um hotel, mentir para justificar uma ausência do trabalho, murmurar do próximo ou contar piadas obscenas para «ficar bem» diante dos amigos. Em todos estes casos, sei perfeitamente o que faço e cometo um pecado venial deliberado.

Uma das frases mais tristes que pode sair dos lábios de um cristão é esta: «Bem, é apenas um pecado venial». Porque se a digo de coração, mostro claramente que amo muito pouco a Deus. Sim, obedeço-lhe em coisas graves, mas nego-me a agradar-lhe em coisas de menor gravidade. Que pensariam uns pais de um filho que dissesse que lhes obedece quando o assunto é importante, mas se importa muito pouco de desobedecer-lhes naquilo que não acarreta graves consequências?... Pensariam, sem dúvida, que esse filho os ama muito pouco, e o seu coração sangraria. Pois bem, nós somos *filhos* de Deus.

Sabemos que a soma de muitos pecados veniais nunca pode dar por resultado um pecado mortal; há uma enorme diferença entre a rejeição de Deus própria do pecado mortal, e o medíocre egoísmo para com Ele próprio do pecado venial. Mas devemos lembrar-nos de que, quando se cometem muitos pecados veniais, caminha-se progressivamente para o desamor. Como um vaso oxidado e corroído, a nossa alma acaba por tornar-se incapaz de reter a graça de Deus. Por outras palavras: o pecado venial enfraquece o nosso espírito. Assim como uma gripe facilita o assalto de outras doenças mais graves, o pecado venial, habitual e deliberado, abre o caminho para o pecado mortal.

Por outro lado, de um ponto de vista prático, é indubitável que o pecado venial não compensa de maneira nenhuma. Normalmente, quando o cometemos, procuramos obter alguma vantagem pessoal: dizemos uma mentira para sair de um apuro, pegamos «de empréstimo» uns selos da mesa do chefe para poupar uns reais, falamos mal de alguém para «descontar» o que disse de nós, bebemos um pouco mais da conta para esquecer as nossas preocupações, proferimos umas grosserias para impor a nossa autoridade, chegamos tarde à Missa ou saímos antes para «ganhar tempo», etc. etc. etc.

Ao agirmos assim, esquecemos que com Deus não se brinca, que o mundo e todas as coisas dependem dEle. Pretendemos, por acaso, que recompense as nossas pequenas desobediências, esses «pecadinhos sem importância»? É mais provável, pelo contrário, que trate de fazer-nos pagar as nossas dívidas ao seu jeito. Porque se digo uma mentira para sair de um apuro hoje, talvez amanhã o apuro seja maior; se economizo alguns centavos pegando uns selos da mesa do chefe, os pneus novos que terei de comprar amanhã vão me custar os olhos da cara; se falo mal do próximo, o próximo acabará por desprezar-me; se bebo demais para evitar as minhas preocupações de hoje, amanhã terei que acrescentar uma forte dor de cabeça a essas mesmas preocupações; se ofendo um subordinado, talvez amanhã um superior se compraza em humilhar-me; se encurto a assistência à Missa dominical para «ganhar tempo», talvez o perca depois na porta da igreja com uma pessoa inoportuna... E assim sucessivamente.

Talvez a correspondência entre uma coisa e outra não seja tão exata, mas, em qualquer caso, somos tolos se pensamos que podemos tirar vantagem do pecado venial. Se se tratasse de pecados mortais, a justiça divina teria que esperar pela outra vida, mas os pecados veniais pagam-se nesta; não de todo, por certo, porque existe o purgatório, mas Deus, com o seu amor por nós, costuma oferecer-nos já nesta terra a oportunidade de aprendermos a lição.

Alguns pensam que sempre lhes resta o recurso de fazer um ato de perfeita contrição, e todos esperamos poder fazê-lo se viermos a encontrar-nos em perigo de morte. Sabemos que um ato de perfeita contrição – com a intenção de nos confessarmos quanto antes – perdoa todos os pecados, incluídos os mortais, e procuramos fazê-lo de vez em quando, para que nos seja mais fácil tornar a fazê-lo na hora da morte. Sabemos também – ou deveríamos saber – que um ato de perfeita contrição implica que nos arrependemos dos nossos pecados por puro amor de Deus, não por medo de perder o Céu e ir para o inferno. Pois bem, é quase impossível que uma pessoa que não esteja disposta a renunciar ao pecado venial deliberado tenha essas disposições.

Por outro lado, a menos que estejamos firmemente decididos a repelir esse tipo de pecados, não podemos ganhar uma indulgência plenária, porque esta nos concede o perdão de todas as nossas dívidas com Deus (se morrêssemos no momento de obtê-la, iríamos diretamente para o Céu). Ora, uma das condições indispensáveis para ganhar uma indulgência plenária é ter dor de coração, não só dos pecados mortais, mas também dos veniais deliberados. Como havemos de tê-la se não estamos dispostos a emendar-nos? Assim, pois, para ganharmos uma indulgência plenária, é necessário que estejamos firmemente dispostos a evitar todo o pecado venial deliberado.

Não, não vale a pena. Olhe-se por onde se olhar, o pecado venial deliberado não vale a pena. Mas isso é secundário. O que devemos fazer, mais do que ponderar os prós e os contras de um pecado venial, é deixar de lado essas considerações e centrar-nos no amor a Deus. Teremos dado um passo de gigante, seremos espiritualmente adultos, quando pudermos dizer a Deus com sinceridade: «Quero amar-te, Senhor, com todo o meu coração e com toda a minha alma. Não quero medir o meu amor por ti em termos de "toma lá, dá cá". Quero chegar até o final; não quero ser tacanho, não me conformarei com evitar o pecado mortal. Renuncio a todo o pecado venial deliberado. Ajuda-me, meu Deus, para que te seja cada dia mais fiel, tanto nas coisas grandes como nas pequenas. Faz que te ame cada vez mais!»

Acontecerá contigo

Qualquer pároco pode testemunhar que não há duas mortes iguais. Ao longo dos trinta e três anos em que venho exercendo o meu ministério sacerdotal, presenciei uma grande variedade de cenas no leito de morte, algumas das quais continuam vivas na minha memória. Lembro-me, por exemplo, da calma e do sossego daquela freira de clausura, de oitenta anos, quando recebeu o Viático. Não somente não tinha medo, mas desejava avidamente que chegasse o momento de estar cara a cara com o Mestre, a quem tinha amado e servido ao longo de toda a sua vida. Os prazeres a que tinha renunciado, os sacrifícios que tinha feito, a humilde e escondida existência que tinha levado, mal contavam para ela. O importante era que ia reunir-se muito em breve ao seu Senhor... «Adeus, padre», sussurrou ao despedir-se de mim. «Reze, por favor, para que o Senhor não demore...»

Outra recordação inesquecível é o daquela mãe que sofreu enormemente, durante a sua longa doença, pensando no esposo e nos filhos pequenos que deixava. Tinha sido uma boa esposa e uma boa mãe. Graças às suas orações e ao seu exemplo, os seus filhos tinham aprendido o que significa verdadeiramente amar a Deus, e o seu marido tinha adquirido maturidade espiritual. No final, o Senhor outorgou-lhe a graça da confiança filial, como sucede com frequência, e as rugas da inquietação apagaram-se do seu rosto. A sua voz era firme e serena quando me disse: «Deus será uma mãe para os meus filhos, padre. Eu o sei: Ele não me levaria se não fosse porque vai substituir-me com vantagem. Além disso, do Céu poderei ajudá-los mais do que aqui na terra...»

Vem à minha mente mais outra cena. Estou ungindo com os Santos Óleos o corpo ainda quente de um homem de meia idade que, há uns minutos, desabou sem vida sobre a sua mesa de trabalho. Enquanto rezo as orações próprias da Unção condicional, lembro-me de que o homem que acaba de morrer era membro da Adoração Noturna e tinha passado uma hora velando o Santíssimo Sacramento no sábado anterior; de que no domingo pela manhã recebera a Sagrada Comunhão, junto com a esposa, na Missa das sete, como fazia costumeiramente... Morreu de repente, sim, mas a morte não o surpreendeu. Quase, quase, podia ouvir o Senhor dizer-lhe: «Vem, meu filho. Os últimos auxílios são para quem precisa deles, não para ti»...

Um dos maiores consolos da vida de um sacerdote é assistir a mortes como estas. Sente-se pena, naturalmente, ao perder alguém que se estima, mas essa dor humana não amortece a alegria de ver uma alma sair ao encontro de Deus.

Infelizmente, nem sempre acontece o mesmo. Há outras cenas que produzem uma dor imensa. Lembro--me de mim mesmo, estacado no meio de um quarto de motel, contemplando os cadáveres abraçados de um casal – que não eram marido e mulher –, mortos por asfixia. E também da sala de emergência de um modesto hospital onde jaziam os cadáveres retorcidos de dois jovens – um rapaz e uma moça –, cheirando fortemente a álcool. O carro estava destruído e nele se encontrou uma garrafa de bebida vazia.

Há outro tipo de morte que semeia em mim uma sombria inquietação. É o daquelas pessoas que ao longo da sua vida desprezaram o amor de Deus, que não deram a menor importância à Missa, aos sacramentos, à oração. Viveram habitualmente em pecado, sem pensar no além, até que, ao perceberem que iam morrer, começaram a tremer aterrorizados. Confessaram-se e disseram quase com desespero que se arrependiam. Receberam a Unção dos Enfermos e o Viático. No entanto, enquanto o sacerdote cumpria o seu ministério, não podia deixar de pensar: «Estarão realmente arrependidos ou será apenas um sentimento de terror?» Só Deus poderia responder.

Certamente, o temor de Deus é uma coisa saudável, mas não o temor servil, esse que é próprio de um cão que se humilha diante do chicote do amo. O temor de Deus é como esse respeito reverencial que um bom filho deve sentir por seus pais: um temor baseado no amor, não no medo do castigo, o sentimento de quem teme perder a estima de alguém que considera muito. Todos os pais têm visto refletido no rosto de seus filhos esta espécie de temor. O menino chora não tanto pela dor que lhe causou um cascudo de seu pai, como por aquilo que o cascudo significa. É esse medo reverencial que faz com que o menino sofra mais com o desgosto do pai do que com o castigo infligido.

Há pessoas que descuram os seus deveres religiosos, que se mostram indiferentes aos direitos de Deus mais por uma deformação da consciência do que por má intenção. «Procurarei mudar de vida mais para a frente», pensam uns. «Hei de arrepender-me quando estiver para morrer», dizem outros. Essas pessoas não percebem que o arrependimento é uma graça de Deus. Sem ela, não somos capazes de fazer um genuíno ato de contrição. O pecador habitual ousa fixar condições a essa graça e solicita de Deus que a outorgue quando a ele lhe convier.

É a morte deste tipo de pessoas que deixa o sacerdote entristecido e perplexo. «Estaria realmente arrependido ou apenas assustado?» Porque, mesmo quando alguém se confessa, a sua dor por ter pecado tem que ser sobrenatural, uma graça de Deus, e isso não é coisa que possamos obter ao nosso bel-prazer. Uma das razões pelas quais o sacerdote tem sérias dúvidas em face dessas situações é porque presenciou casos em que o penitente se recuperava e depois voltava à sua vida de pecado. É bem verdade que só Deus pode sondar os corações, mas é natural que se tenham dúvidas sobre a solidez do propósito de emenda em tais casos.

O momento mais importante da nossa vida é, sem dúvida alguma, o da morte. Nesse instante, ficaremos definidos para sempre no estado em que a morte nos encontrar. Lembro-me de que, quando era pequeno e fazia caretas, a minha mãe me dizia: «Cuidado, meu filho, pois se você pega um golpe de vento, a sua cara vai ficar congelada como está...» Sabia que era uma brincadeira, mas não era preciso mais para que deixasse de fazer de bobo. Deus não brinca. Por isso, fala muito a sério quando diz que morreremos tal como vivemos. A morte congelará o estado espiritual em que estivermos: de graça ou de pecado. Desse segundo único depende que participemos de uma eterna união com Deus ou que dEle fiquemos eternamente separados.

Talvez tenhamos assistido à projeção de um filme na casa de um amigo que queria mostrar-nos a sua última viagem pelo Caribe. De repente, para bancar o engraçadinho, aciona o interruptor e o filme se detém; na tela fica a imagem congelada: uma expressão tola, um cenho franzido, um sorriso boboca... É cômico e todo mundo ri. No entanto, não será nada engraçado quando Deus interromper o filme da nossa vida e formos captados para sempre na nossa feiura ou na nossa beleza.

E depois da morte, o Juízo. Só de pensar nele sentimos um estremecimento. Porque não deixa de ser uma coisa muito séria ter que enfrentar a Verdade Absoluta sem possibilidade de evasão ou desculpa. Nesta vida, é quase impossível sermos absolutamente honestos conosco próprios, plenamente objetivos. Tendemos a conceder-

-nos o benefício da dúvida, a interpretar favoravelmente os nossos erros e quedas. «Quem quer que estivesse no meu lugar teria feito o mesmo», pensamos ou dizemos. Mas à hora do Juízo particular, seremos nós os julgados, independentemente do que qualquer outro tivesse podido fazer. «Bem, não se podia esperar de mim que fosse um santo», é outra das nossas desculpas favoritas. Mas Deus nos dirá: «Era isso precisamente o que Eu esperava de ti». «Mas, afinal de contas, não passo de um ser humano», protestamos. E Deus responderá: «Mas as graças que te concedi eram divinas...»

Ninguém sabe exatamente como será esse Juízo particular. A única coisa certa é que será imediato – depois da morte – e definitivo. Logo que a alma abandonar o corpo, sobrevirá o Juízo. E, imediatamente a seguir, a alma iniciará uma vida eterna no Céu (com uma possível «parada» intermédia no purgatório) ou se precipitará no inferno.

Os teólogos dizem que o mais provável é que, nesse momento, a alma seja envolvida pela luz irresistível da infinita justiça divina. Ficaremos expostos à luz da Verdade como um ator que, no meio de um palco vazio, fica exposto a um potente foco que descobre a sua maquiagem e as suas rugas.

Em certo sentido, cada qual será juiz de si mesmo. Num instante de iluminação divina, seremos conscientes de todas as graças que recebemos e de todos os pecados que cometemos. Contemplaremos todas e cada uma das oportunidades que desaproveitamos, o mal que fizemos, as boas obras que deixamos de fazer. Veremos também, com visão de eternidade, as consequências que os nossos atos tiveram. Será um momento terrível, por exemplo, para os pais que negligenciaram a formação espiritual dos seus filhos, para os sacerdotes que não se entregaram de corpo e alma ao seu ministério, para todos aqueles que deram escândalo...

Em contrapartida, não devemos esquecer que, sendo também o momento da Verdade divina, veremos com toda a clareza até a menor ação boa e nobre que tenhamos praticado, até o menor sacrifício que tenhamos oferecido a Deus; essas ações brilharão com luz própria.

É bom pensar de vez em quando na morte, na *minha* morte. É bom imaginá-la, mesmo visualmente... Ao redor do nosso leito de morte haverá suspiros e lágrimas. Alguém, piedosamente, fechará os nossos olhos e cruzará as nossas mãos... Mas antes de que fechem o caixão, já teremos comparecido à presença de Deus e teremos sido julgados.

Não esqueçamos nunca que a morte e o Juízo são *realidades* inevitáveis, não fantasias. As descrições que acabamos de fazer talvez não sejam exatas nem adequadas, mas o que é absolutamente certo é que *isso acontecerá comigo*. Que insensatos seríamos se não o tivéssemos em conta! Porque será um instante terrível. O momento para o qual Deus nos fez, o instante que dá sentido à nossa vida. Para ele nos encaminhamos, como o rio que corre para uma catarata...

Como é o céu?

Os que tenham assistido a alguma sessão de lançamento dos filmes em *Cinerama* talvez ainda recordem a impressão que lhes causou. O programa costumava começar com um filme em preto e branco, projetado numa tela normal. Depois, um apresentador fazia um breve resumo da evolução do cinema e terminava dizendo: «Agora os senhores vão ver *o que é o Cinerama*». Imediatamente, as cortinas se abriam deslizando lentamente, e deixavam a descoberto uma tela imensa que ocupava todo o fundo da sala. De repente, o filme explodia na tela, por entre exclamações de assombro, rangido de trilhos e uivos de vento. O cinema inteiro convertia-se numa gigantesca montanha russa. O espectador grudava-se no assento e sentia como que um vazio na boca do estômago. Até hoje guardo a impressão que me produziu essa súbita transição de um filme convencional para a imersão total nas gigantescas telas do *Cinerama*.

O exemplo pode parecer ridículo – e de fato é –, mas não me vem nada melhor à cabeça para ilustrar o que sentirá quem morrer limpo de todo o pecado. O mundo era atraente para ele porque nunca tinha conhecido outro melhor, mas, de repente, fecha os olhos a esse e abre-os para um mundo novo, onde habita Deus.

A indescritível emoção e a inexplicável felicidade desse momento não se podem imaginar nem descrever. Até um santo que regressasse do Céu seria incapaz de fazê-lo. São Paulo recebeu a dádiva de saborear numa visão uma antecipação do Céu; tudo o que foi capaz de dizer depois foi que *nenhum olho humano viu, nem nenhum ouvido ouviu, nem o coração pode expressar o que Deus preparou para aqueles que o amam* (1 Cor 2, 9).

Devemos, no entanto, procurar fazer uma ideia – por remota que seja – da felicidade que nos espera. Se já tivemos na nossa vida alguma grande alegria, podemos evocar esse momento de exultante felicidade e multiplicá-lo por mil. Os esposos podem pensar no dia em que se casaram ou em que tiveram o primeiro filho; uma freira, no dia em que professou; um sacerdote, no dia da sua ordenação... Seja qual for esse momento, por muito que multipliquemos essa felicidade, sempre ficaremos aquém; por muito viva que seja a nossa imaginação, sempre seremos incapazes de conceber o que significa contemplar a Deus cara a cara.

Deus é infinitamente digno de amor, o que quer dizer que o seu amor é irresistível. A sua mera presença arrancará do nosso coração ondas de amor com a mesma força com que um tornado suga a água do mar.

COMO É O CÉU?

De vez em quando, um agente publicitário decide lançar um ator como «O Grande Amante». Pois bem, no Céu ficaremos assombrados de saber que cada um de nós é esse «Grande Amante». Agora somos como pássaros numa gaiola, incapazes de imaginar a capacidade que temos de voar alto, muito alto; não fazemos a menor ideia da nossa capacidade de amor; porque nenhum ser humano pode esgotar nesta vida essa capacidade. Só Deus é capaz de fazê-lo. A única palavra que de algum modo pode exprimir o que nos acontecerá na outra vida é *explosão*. O nosso amor *explodirá* no Céu ao contemplar o Ser que é o Amor infinito, a infinita Bondade.

Para se possuir uma felicidade completa, não é suficiente amar. É necessário ter a certeza de que se é amado. Uma certeza que será absoluta quando Deus nos atrair ao seu divino regaço. Deus *é* amor, *o* Amor infinito. Criou-nos porque nos ama. Quando as barreiras desta vida desaparecerem, Deus poderá mostrar-nos sem limitações todo o seu carinho. A chama do seu amor há de abrasar-nos sem nos queimar. Agora, nem sequer o mais santo dos homens se atreveria a pensar que o homem é o ser mais digno de amor de toda a criação, porque todos sabemos que somos imperfeitos. Mas no Céu perceberemos que somos, sim, dignos de amor, porque essas imperfeições, esses «pontos negros», terão sido purificados no fogo do Amor divino; a beleza original com que Deus criou a nossa alma terá recuperado todo o seu esplendor. Ele nos provará isso envolvendo--nos num apertado abraço e arrebatando-nos para os cumes do êxtase.

Para que a felicidade seja completa, é preciso, além disso, outra coisa: a certeza de que essa felicidade não terminará nunca. Quem não desejou, num momento de felicidade, que a sua alegria não acabasse nunca?... Pois bem, no Céu esse desejo será uma realidade.

Algumas pessoas fazem certos reparos a este fato. Temem que o Céu se converta numa coisa aborrecida e monótona. Esquecem que a felicidade do Céu não será de maneira nenhuma algo estático, algo assim como um contínuo olhar-se mutuamente nos olhos. Não podemos nem imaginar a atividade que reina no Céu. Deus é infinitamente amável, o que quer dizer que nunca esgotaremos a nossa capacidade de amá-lo. Nunca deixaremos de encontrar nEle novos mananciais em que saciar a nossa sede de amor, novos sabores que aumentarão a nossa «fome» amorosa.

É absurdo imaginar o Céu como algo «interminável». A eternidade não é uma acumulação de tempo; o tempo é uma realidade própria do universo criado. A eternidade com Deus será como um instante esplêndido, maravilhoso, que jamais passa.

É desnecessário dizer que batemos com a cabeça contra um muro quando procuramos compreender a eternidade, porque é um conceito que, como todos os que procuram abarcar o infinito, escapa à nossa compreensão. Tentemos, não obstante, ilustrá-lo de outra forma: suponhamos que no Céu você usa um relógio que tem corda para oito dias, e que cada hora nesse relógio representa sessenta bilhões de anos em vez de sessenta minutos. Mas você chega, dá-lhe toda a corda e depois olha um instante para Deus. Um olhar que o faz imensamente feliz. Depois volta a olhar o relógio e observa, espantado, que a corda acabou...

Este exemplo – como todos os que demos –, além de ser inadequado, tem outro defeito: fica aquém da realidade. Porque, tratando-se de Deus e do Céu, não há perigo de exagerar. O perigo está no contrário: em dar uma imagem demasiado pobre e fraca da eterna felicidade que nos está preparada.

Até agora só falamos das nossas relações com Deus no Céu. Pois bem, ali veremos também as pessoas que amamos nesta vida e que continuaremos a amar. Não tenhamos a menor dúvida de que será assim, porque, ao vermos e amarmos a Deus, veremos e amaremos todas as almas que Ele ama e conhece. Haverá um intercâmbio perene de amor entre Deus, as demais almas e nós mesmos, tudo isso dentro de um único e indivisível ato de amor que terá a sua origem e o seu termo no próprio Deus. Este intercâmbio de amor no Céu será semelhante à circulação do sangue no corpo, que sai do coração e volta para o coração. Deus é o coração do Céu.

Sim, seremos felizes contemplando os nossos seres queridos no Céu. Mais ainda, se estão ali, é em parte pelas nossas orações e pelo nosso bom exemplo. No entanto, não entenderíamos o que é e o que significa a felicidade do Céu se pensássemos que empregaremos a nossa eternidade em passear de mãos dadas com os nossos familiares e amigos, escutando uma música suave e conversando sobre as nossas recordações. Eu amo muito os meus pais e confio que – pela misericórdia divina – me reunirei a eles no Céu, mas, falando em linguagem humana, acho que nem eles nem eu tenhamos tempo para afastar os nossos olhos de Deus e ocupar-nos das nossas coisas. Estejam ou não estejam ali os nossos seres queridos, a nossa alegria será total, sem ressalvas; será uma felicidade que ultrapassará tudo o que possamos imaginar.

E que probabilidades tenho de gozar dessa felicidade sem passar pelo purgatório? Muitas, sempre que me esforce por viver, dia a dia, em estado de graça, fazendo o que Deus quer que eu faça. Esta lealdade e este esforço dão-nos certo «direito» de pedir a Deus que nos outorgue as graças de que necessitaremos no momento da morte, para que, ao passarmos para a outra vida, estejamos livres não só do pecado mortal, mas também de todo o pecado venial e de toda a culpa que não tenhamos já satisfeito nesta vida por meio da penitência e das boas obras. Tal é, como sabemos, o principal objetivo do sacramento da Unção dos Enfermos: limpar-nos de toda a «mancha de pecado» que nos impeça de gozar imediatamente da presença de Deus.

É verdade que podemos morrer de repente, sem ter oportunidade de receber os Santos Óleos, mas aqueles que procuraram viver sempre cumprindo a vontade de Deus não devem preocupar-se demasiado com isso, pois os sacramentos são apenas um meio. Sempre que o ache conveniente, Deus pode ministrar-nos diretamente a graça que nos vem através deles. No último instante, a simples menção amorosa do nome de Jesus, com um arrependimento sincero, pode ser capaz de nos transportar para o Céu.

É muito consolador lembrarmo-nos de que Deus *quer* muito mais do que nós mesmos que vamos para o Céu. E como Ele *pode* fazer tudo o que quer, consegui-lo-á; mas unicamente se nós não nos opusermos. Porque seria uma loucura esquecer que a misericórdia de Deus não elimina a sua justiça. Nem sequer a sua infinita Bondade pode forçar-nos a ir para o Céu contra a nossa vontade. O amor impaciente de Deus não pode atravessar a barreira levantada em nosso coração pela nossa desobediência.

Por pouco que compreendamos o que é e o que significa o Céu, perceberemos que vale a pena viver, trabalhar e sofrer para alcançá-lo. O caminho que nos conduz a ele pode ser às vezes áspero e estreito, mas não é intransitável. Seria absurdo que puséssemos a perder uma herança semelhante precipitando-nos no abismo do pecado mortal.

Assim é o inferno

«O pior de tudo era aquela espantosa solidão. Ao cabo de uns meses, comecei a sentir-me completamente abandonado. Ninguém sabia onde é que eu estava, ninguém se preocupava com a minha sorte, ninguém pensava em mim...»

Quem me dizia isso era um missionário que tinha permanecido muito tempo nas mãos dos comunistas chineses. Mantiveram-no um ano e meio confinado num completo isolamento, sem saber qual o dia que poderia ser o último para ele. Quando o libertaram, os seus nervos estavam desfeitos, a tal ponto que, meses mais tarde, ao contar-me o que se passara, começou a chorar. Nunca mais quis voltar a descrever os terrores das suas longas noites em claro, as trevas insondáveis em que a sua alma se viu mergulhada.

Os sofrimentos deste missionário ilustram bastante bem – ainda que palidamente – as penas do inferno. Suponho que, de vez em quando, cada um de nós terá procurado imaginar o que é o inferno, à luz dos momentos de maior sofrimento que tenha tido na sua vida. Há uns anos, fiquei bloqueado pela neve numa cabana de floresta durante vários dias. Quando, por fim, uns amigos me resgataram, tinha já na boca o amargo sabor do abandono, da irremediável solidão. Desde então, ao pensar no inferno, o que mais me impressiona é esse negro abandono.

Porque uma das características do inferno é uma solidão que não se pode imaginar. Costumamos pensar – e é a pura verdade – que no inferno estão todas as pessoas que morreram em pecado mortal, mas seria mais exato dizer que estão lá aqueles que rejeitaram o amor de Deus, pois o pecado mortal é precisamente isso. Irremediavelmente separado de Deus por essa rejeição, o pecador vai para a eternidade separado dEle para sempre. E separado também de todas as almas criadas por Ele. É por isso que o condenado se encontra numa vasta e vazia solidão, tão absoluta que não a podemos reproduzir nesta terra.

Por muito sós que estejamos nesta vida, sempre nos relacionamos com alguém. Além disso, temos a esperança de que, algum dia, essa situação acabará. Mas no inferno não acontece nada disso. A morte fixa-nos para sempre no estado em que nos surpreendeu. Se não amávamos a Deus quando morremos, não podemos acender esse amor depois. Já não há *tempo* para retificar, porque o tempo não existe; estamos na eternidade. Tal é o horror do inferno: a certeza de que nada mudará. A consciência não cessará de nos repetir: «Para sempre, para sempre, para sempre...»

Outra diferença fundamental entre a solidão desta vida e a do inferno é que, nesta vida, ainda podemos «acompanhar-nos a nós mesmos», por assim dizer. Boa prova disso é que, quando temos uma intensa vida de relação, desejamos ficar a sós para estar tranquilos e pensar em nós mesmos, quanto mais não seja porque ainda nos amamos. No inferno, porém, a ausência de amor é total: não podemos amar ninguém, nem mesmo a nós próprios. Pior: odiamo-nos, detestamo-nos. Rejeitamos a Deus e, com Ele, rejeitamos tudo quanto existe. Tal é o supremo horror do abandono e da solidão do inferno. Como se não bastasse termo-nos condenado a uma existência eterna em solidão, temos que «coexistir» conosco próprios, odiando-nos com um ódio selvagem e atroz. Para uma alma no inferno, seria mil vezes preferível a aniquilação total. Se pudesse, ela se desfaria em pedaços. A sua eterna lamentação, se pudéssemos ouvi-la, seria alguma coisa parecida com isto: «Odeio a Deus! Odeio todo o mundo!... Mas isso não é nada em comparação com o ódio com que odeio a mim mesmo...»

Essa descrição do inferno como lugar de total abandono e solidão é exata. Resulta necessariamente da própria natureza do inferno enquanto separação eterna de Deus. Pois bem, a solidão, com tudo o que tem de espantoso, não deixa de ser um aspecto secundário. Jesus Cristo em pessoa descreveu o inferno como fogo, um fogo que arde sem nunca se extinguir, e o Senhor não usava as palavras à toa. Daí se depreende que devemos considerar a pena essencial do inferno como um perpétuo abrasar-se num fogo.

O Senhor não define a natureza desse fogo do inferno. Sabemos que não é o tipo de fogo que conhecemos, porque o fogo da terra consome o que toca e, além do mais, é incapaz de abrasar um espírito e causar dor a uma alma. Por isso, a natureza do fogo do inferno tem provocado infinitas especulações entre os teólogos.

Uma explicação lógica é que se trata de um fogo que fazemos incidir sobre nós mesmos por força da nossa tentativa eternamente frustrada de alcançar a Deus. Recordemos que fomos criados para Ele, razão pela qual a nossa alma sente uma irresistível atração para Deus, como um pedaço de ferro se sente atraído pelo ímã. Nesta vida, podemos sentir muito pouco essa atração, ou mesmo nada, porque o nosso corpo material e as nossas imperfeições agem como isolante, mas, logo que a morte separar a alma do corpo, sentiremos toda a força dessa atração divina.

Se estivermos limpos de todo o pecado, sentir-nos-emos atraídos por Deus e iremos para Ele como um projétil para o alvo. Se morrermos em estado de pecado mortal, a alma experimentará também essa irresistível atração e procurará com todas as suas forças dirigir-se para Deus – sem consegui-lo. O seu próprio egoísmo levantará uma barreira insuperável. Fará esforços vãos, durante toda a eternidade, para chegar à presença de Deus, mas o seu desamor inutilizará esses esforços. A alma não terá ponto de contato possível com Deus e, assim, arderá na desesperada fricção entre o inútil desejo de alcançar a Deus e o ver-se eternamente rejeitada. Tal é,

ASSIM É O INFERNO

a juízo de alguns teólogos, a forma como se origina o fogo do inferno... Quer seja assim ou não o fogo a que Jesus se refere no Evangelho, trata-se de um sofrimento que a alma experimentará no inferno.

Outra maneira de tentar compreender o inferno é comparar a atração da alma para Deus a uma sede ardente. «Se não alcançar Deus, perecerei!», soluça a alma, enquanto o busca em vão, como um moribundo que se arrasta pelas areias ardentes do deserto, descrevendo círculos sem sabê-lo, à procura de um manancial onde acalmar a sua sede.

À solidão e à angústia, é preciso acrescentar o lacerante remorso do condenado. Sabe que está no inferno porque o escolheu livremente. Deus não se alegra de ver ninguém nessa situação, pois criou todas as almas para que gozassem da sua presença no Céu. Quando nos referimos ao inferno como um *castigo*, temos que saber o que dizemos. Trata-se de um castigo, sim, mas livremente assumido, como o bêbado assume a «ressaca» que terá inevitavelmente depois de um pileque.

Quando falamos de Deus, temos que fazê-lo em termos humanos, porque, de outro modo, não poderíamos expressar nada; mas nem por isso podemos esquecer que é uma forma inadequada de expressar-se. Falamos, por exemplo, da *ira* de Deus que se abate sobre o pecador (assim o fizeram até os autores inspirados das Sagradas Escrituras), mas é evidente que Deus não pode irar-se à maneira humana. A ira implica uma mudança pessoal, uma mudança intelectual e moral. Ora bem, toda a mudança significa que se perde ou se ganha alguma coisa, e Deus, sendo infinitamente perfeito, não pode perder nem ganhar nada. É imutável.

Quando dizemos que Deus se irrita com o pecador, utilizamos apenas uma espécie de «abreviatura verbal»; descrevemos uma mudança, uma alteração, que se operou na pessoa que pecou, não em Deus, que não cessou de amá-la; é o pecador quem se coloca fora do âmbito desse amor. O sol não deixa de brilhar porque alguém corre as persianas da sua casa e foge da luz.

O mesmo acontece quando dizemos que Deus precipitou uma alma no inferno. Porque, evidentemente, Deus não agarra uma pobre alma, coloca-a à beira do inferno e a empurra para dentro do abismo enquanto lhe diz: «Tu mereceste. Vais ver o que é bom...»

O inferno, com todas as suas consequências, não é senão o resultado do afastamento de Deus. Trata-se de uma separação que só o próprio homem pode levar a cabo quando renuncia deliberadamente ao amor divino. Consciente das consequências do que faz, opta por fartar-se de prazeres nesta vida, mesmo à custa de vir a passar «fome» na outra.

Esse conhecimento que o condenado tem de que é ele o único responsável pela sua presença no inferno torna-se o *verme que nunca morre*, a espantosa, penetrante e aguda mordida do remorso. No inferno, a alma se contorce pensando com irremediável amargura que merece essa sorte. Pensava que podia enganar a Deus, que podia gozar de todos os prazeres da vida de costas para Ele, que mais adiante teria tempo de se arrepender, e que, em qualquer caso, valia a pena correr o risco de ir para o inferno, contanto que não renunciasse a esses prazeres... «Sim, pensava isso... Como fui estúpido! Vejam-me agora...»

O inferno é como um estado de irremediável solidão e abandono, de ódio irreprimível, de eterna e frustrada busca de Deus, de remorsos torturantes. Pois bem, depois de termos visto tudo isso, quase não vimos nada, porque a linguagem humana é incapaz de descrever tanto o Céu como o inferno. Só poderia tentá-lo quem está lá, e ninguém veio para no-lo contar. Mesmo assim, na medida em que a nossa mente humana seja capaz de fazê-lo, devemos alimentar um profundo e arraigado horror ao inferno. Diante de uma tentação prolongada e dura, esse sadio temor pode ser o grão de areia que incline a balança e nos salve da rendição, fazendo-nos correr de volta ao encontro de Deus. Pensando no inferno, seremos capazes de atender ao pedido que a Santíssima Virgem nos fez nas aparições de Fátima, quando nos instou a rezar assim: «Ó Jesus, perdoai os nossos pecados, livrai-nos do fogo do inferno; conduzi todas as almas ao Céu, especialmente aquelas que mais necessitam da vossa Misericórdia».

Unidos a Maria, rezemos uns pelos outros para que Deus nos livre de tudo aquilo que possa afastar-nos do seu infinito Amor.

Obrigado, meu Deus, pela confissão

Se um sacerdote recebesse um dólar de cada vez que um dos seus penitentes lhe dissesse, depois de se confessar, que se sentia extremamente aliviado, que tinha tirado um grande peso das costas, ou coisa parecida, não demoraria muito tempo a poder comprar um carro. E não só quando o penitente se tivesse descarregado de um pecado mortal, mas simplesmente se tivesse libertado de uma preocupação, de uma dúvida, de um escrúpulo..., de algum problema pessoal difícil de resolver, fora ou à margem do segredo da Confissão. Talvez nunca tenhamos expressado a nossa gratidão com palavras, mas seríamos muito ingratos se, no fundo do nosso coração, nunca tivéssemos agradecido a Deus pelo benefício da Confissão.

Bastaria este aspecto prático do sacramento – a paz que proporciona – para responder às objeções daqueles que não são católicos. Para estes, o sacramento da Penitência constitui com frequência uma pedra de escândalo. «Há muitas coisas dos católicos que admiro», costumam dizer, «mas a simples ideia da Confissão me repugna». E também: «Não vejo por que teria que dizer os meus pecados a outro ser humano; se me engano ou faço algo de errado, basta que o conte a Deus e lhe peça perdão a sós...» Ou ainda: «Tenho um amigo que se confessa todos os meses e continua a embebedar-se. Não compreendo...»

Quando ouvimos dizer tais coisas, não devemos deixá-las passar nem encolher os ombros. É uma oportunidade magnífica de fazermos uso das graças recebidas na Confirmação e sermos um instrumento nas mãos de Deus para transmitir a Verdade. Basta dizer: «Veja bem: se Jesus expressou claramente a sua vontade de que manifestássemos os nossos pecados para que nos fossem perdoados, não temos outro jeito senão atendê-lo. Não podemos andar com objeções e dizer que teria sido melhor de outra maneira...» Depois, citamos as palavras de Cristo aos Apóstolos, no Domingo da Ressurreição: *A quem perdoardes os pecados, ser-lhes-ão perdoados; a quem os retiverdes, ser-lhes-ão retidos* (Jo 20, 23). E explicamos ao nosso interlocutor que a segunda parte não teria sentido se o Senhor não tivesse querido que manifestássemos os nossos pecados. Porque, como poderiam os Apóstolos – e os seus sucessores – saber quais os pecados que deveriam perdoar e quais os que deveriam reter, se não os conhecessem?... Jesus não falou nunca à toa. Cada palavra que saiu dos seus lábios estava cheia de significado, e, sendo assim, não há maneira de explicar o que disse no Domingo da Ressurreição no Cenáculo se se prescinde da confissão dos pecados. Não há pecado que, pela sua própria natureza, seja imperdoável, se a dor do penitente e o propósito de emenda forem genuínos. Ora bem, o único que pode julgar sobre a verdade da dor de coração do pecador e sobre a firmeza do seu propósito de emenda é o sacerdote, depois de ouvi-lo relatar as suas faltas.

Pode-se recorrer também à prova histórica. Pode-se dizer: «Veja, vou oferecer-lhe uma História da Igreja da Idade Antiga. Ali você lera, referendado pelos textos dos Padres da Igreja*, que o sacramento da Penitência é tão antigo como o cristianismo, que essa foi a forma de obter o perdão de Deus desde o princípio. Não há dúvida de que os Apóstolos, bem como os primeiros cristãos, que quase conviveram com Cristo, devem ser melhores juízes do que nós neste terreno, e a realidade é que a confissão dos pecados sempre precedeu o seu perdão. Depois veio Martinho Lutero, a quem a Confissão incomodava, e que se desembaraçou deste sacramento mal iniciou a reforma protestante em 1517. Mas você deve reconhecer que os Apóstolos e os primeiros cristãos tinham mais elementos para avaliar as intenções de Cristo que um monge agostiniano atormentado, que viveu mil e quinhentos anos depois. Se o que dizem as Sagradas Escrituras significa alguma coisa para você, e se além disso você não rejeita o testemunho da história,

---

(*) Escritores eclesiásticos dos primeiros séculos que, pela santidade de vida, ortodoxia da doutrina e aceitação por parte da Igreja, são transmissores fiéis da tradição cristã.

tem que admitir que o sacramento da Penitência foi instituído pelo próprio Jesus Cristo. Rejeitá-lo é o mesmo que rejeitar Cristo...»

Se o nosso interlocutor for uma pessoa razoável, essa argumentação não deixará de impressioná-lo. Mas talvez o impressione mais o testemunho de um usuário satisfeito. Podemos dizer-lhe: «Olhe, há muito tempo que venho me confessando regularmente e você não pode imaginar a paz e a alegria que se sente ao tirar um grande peso das costas, ao saber com certeza que os nossos pecados foram perdoados e que podemos começar de novo, como se nada tivesse acontecido. Quando tenho uma dor de estômago, não hesito em ir ao médico para que diga se se trata de uma úlcera ou apenas de um mal-estar passageiro. Por isso, quando tenho um problema espiritual, faço o mesmo: procuro quem possa resolvê-lo. Com a vantagem de que não tenho que marcar hora, nem dar o meu nome, nem apresentar o comprovante da Previdência Social. O médico da alma limita-se a escutar; mostra o que está errado e indica os passos que é preciso dar para remediar a situação... Por muito pessoal e íntimo que seja o meu caso, ele o compreenderá. Além disso, sei que estou falando com um homem que está vinculado por uma obrigação de segredo como não há outra no mundo. Nada nem ninguém pode fazê-lo falar, nem que a sua vida dependa disso...

«E dir-lhe-ei mais uma coisa: sei como seria fácil justificar-me ou arranjar desculpas quando faço bobagens! Se fosse suficiente dizer "Meu Deus, sinto muito", para que os meus pecados fossem perdoados, creio que não melhoraria nada. Em breve me esqueceria dos erros cometidos e voltaria a pecar. No entanto, ao ter que fazer exame de consciência, e pôr-me de joelhos, e enumerar os meus pecados, não tenho outro jeito senão enfrentar os fatos. Seria uma tolice negá-los ou procurar desculpas; e, além do mais, inútil...

«Sim, é verdade que há pessoas que se confessam com frequência e não parecem tirar muito proveito disso... Você mencionou o caso desse pobre homem que continua a embebedar-se... Pode ser que seja por ignorância, ou talvez porque pense que a Confissão é como uma espécie de lavanderia aonde se leva a roupa suja todas as semanas... Não é preciso dizer que quem pensa assim engana-se. Não se pode fazer uma boa confissão sem um propósito de emenda. É preciso uma boa dose de hipocrisia para dizer ao confessor que está arrependido e estar pensando em tornar a cometer o mesmo pecado... Mas o mais provável é que esse pobre homem que você mencionou seja um fraco. Talvez queira deixar de beber e pense que o único meio de não acabar alcoólatra é confessar-se com frequência. Porque não se trata apenas de ver como é que é uma pessoa que se confessa, mas de considerar como seria se não se confessasse. Provavelmente, aos olhos de Deus, esse seu amigo vem travando uma luta sincera para não beber. Só Deus tem o direito de julgá-lo...

«Perdoe-me que seja tão sincero. Mas asseguro-lhe que, quando você diz que lhe repugna a ideia de confessar-se, não sabe de que está falando. Só quem se confessou alguma vez pode falar com conhecimento de causa. Posso dizer-lhe que, à parte talvez a Santa Missa e a Sagrada Comunhão, a Confissão é a última coisa a que eu renunciaria... "Suprime o que quiseres, Senhor", diria a Jesus, "mas deixa-nos a Confissão..." Sim, eu lhe asseguro: quando me lembro de dar graças a Deus pelos bens recebidos, não me esqueço nunca de incluir o sacramento da Penitência...»

Certamente, uma conversa semelhante será mais eficaz que uma resposta inspirada num livro de teologia, sempre que se baseie na experiência própria. Se não se estiver convencido de como é benefício recorrer com frequência ao sacramento do Perdão, de nada valerá.

E quem são os católicos que não apreciam a Confissão? Há-os de vários tipos. Um deles – felizmente pouco numeroso – é o dos que sofrem de uma espécie de fobia. Ao aproximarem-se do confessionário, tremem. Não suportam ter que ajoelhar-se ali, sobretudo se se trata de um confessionário fechado... Geralmente, são pessoas com algum problema psicológico, mais do que espiritual.

Outro tipo de pessoas que evitam confessar-se é o dos pecadores empedernidos que não têm a menor intenção de mudar de conduta. Se se confessassem, teriam que se emendar, e não estão dispostos a isso. Têm a consciência demasiado atrofiada para perceber o perigo que correm e pedir a Deus que os ajude. A sua única saída está em que as orações dos seus familiares e amigos obtenham para ele a graça do arrependimento antes de que seja tarde.

Um terceiro tipo de católicos que fogem da Confissão é o daqueles que tiveram um acesso de vergonha ou de medo no momento em que iam confessar-se e esconderam algum pecado mortal. Talvez tenham voltado a fazer alguma outra má confissão e agora não se atrevem a aproximar-se de novo. Tais pessoas não percebem o maravilhoso alívio que sentiriam se fossem capazes de dizer ao sacerdote: «Padre, ajude-me. Tenho que acusar-me de uma coisa a que quero pôr remédio...» O sacerdote, com toda a certeza, fará tudo o que estiver em suas mãos para facilitar o trabalho do penitente.

Um quarto tipo é o daquelas pessoas que são vítimas de um hábito pecaminoso. Como não são capazes de manter os seus bons propósitos, pensam que é inútil confessarem-se, porque, além disso, as suas confissões seriam nulas... A realidade é que essas pessoas são as que mais necessitam de confessar-se. A sua única esperança de vitória reside na confissão frequente. Na medida em que continuarem lutando, ainda que sejam derrotadas algumas vezes, Deus aprecia os seus esforços, e estes acabarão por ser coroados de êxito. Enquanto não chega esse momento, a Confissão é para elas o único recurso.

Temos também o católico relaxado ou preguiçoso (ou as duas coisas ao mesmo tempo), que, infelizmente, não tem suficiente amor de Deus para aproveitar os dons que Jesus Cristo nos obteve. Nunca tem tempo para se confessar, e vai adiando esse momento. Talvez se confesse uma ou duas vezes por ano, mas logo depois esquece os propósitos que fez. É deste tipo de católicos que o Senhor diz no Apocalipse: *Conheço as tuas obras e que não és frio nem quente. Oxalá fosses frio ou quente. Mas como és tíbio, e não frio nem quente, estou para te vomitar da minha boca* (Apoc 3, 15-16).

Finalmente, temos o católico pouco instruído que pensa que a confissão só é necessária quando se está em pecado mortal: «Não tenho por que confessar-me», diz, «não pequei mortalmente». Ignora, ou esqueceu, que a finalidade do sacramento da Penitência não consiste apenas em limpar-nos dos pecados, mas em fazer-nos santos. A quem não cometeu nenhum pecado mortal, o sacramento proporciona-lhe um aumento de graça santificante e uma maior fortaleza espiritual, que lhe permite repelir mais facilmente as tentações. A melhor proteção contra o perigo de cair em pecado mortal é a confissão frequente. Todo aquele que quiser crescer espiritualmente deve procurar confessar-se semanalmente, se lhe for possível.

Se você não se inclui em nenhum destes casos e se confessa com frequência, está em boa posição para explicar aos outros o que é e o que significa o sacramento da Penitência. Se o fizer, conseguirá que muitas outras almas se beneficiem deste inestimável e maravilhoso presente de Deus.

Confissões apressadas
e graça desperdiçada

Uma vez em que estive na Espanha, ouvi falar de um operário que tinha encontrado uma nota de mil dólares na rua; no começo, o achado não lhe chamou muito a atenção; as notas espanholas são tanto maiores quanto maior for o seu valor e aquele papelzinho não o impressionou muito. Guardou-o no bolso e, uns dias mais tarde, ao passar por um Banco, entrou e perguntou quanto valia. Quase desmaiou quando lhe deram a informação, pois a quantia era equivalente a três meses do seu salário...

Não é raro termos notícia de pessoas que não sabem o que possuem. Pode ser um quadro de um pintor famoso, uma antiguidade, umas moedas raras, uns selos valiosíssimos... Quando ficamos a saber de um desses casos, costumamos sentir uma espécie de inveja. Não nos lembramos de pensar que nós também temos um tesouro que talvez não valorizemos: o sacramento da Penitência. Talvez o recebamos frequentemente e saibamos que não serve apenas para perdoar os pecados mortais, mas também os veniais; que aumenta a graça santificante e nos proporciona uma graça especial para repelir as tentações... No entanto, talvez nos pareça que não nos é de muita utilidade, pois não nos torna melhores; que nos acusamos uma vez e outra dos mesmos pecados, inutilmente...

Se pensamos assim, o mais provável é que as nossas confissões não sejam boas, que as tenhamos convertido numa rotina, num mero trâmite. E não porque ignoremos o valor desse tesouro que temos à nossa disposição, mas porque não reparamos nele. E assim vamos à igreja aos domingos uns minutos antes da Missa, esperando não ter que fazer fila. Respiramos aliviados se o conseguimos e ajoelhamo-nos rapidamente, quase sem ter feito o exame de consciência. Afinal de contas – pensamos –, não precisamos examinar-nos, pois os nossos pecados são os de sempre... Voltamos a manifestá-los, escutamos o sacerdote sem lhe prestar muita atenção e rezamos o ato de contrição sem pensar no que dizemos. Depois pode ser que fiquemos mais uns instantes para «liquidar» a penitência o mais rapidamente possível; senão, fica para a semana que vem. Com um pouco de sorte, e se não houver ninguém na fila antes de nós, o processo todo pode durar menos de cinco minutos... Reconhecemo-nos neste quadro?

A Penitência é um sacramento que Jesus pagou com a sua vida. Um dom pelo qual uma humanidade oprimida pelo pecado suspirou, sem o saber, durante séculos e séculos. Um dom de efeitos tão inconcebíveis que não acreditaríamos neles se o próprio Deus não os tivesse revelado.

O sacramento da Penitência «força» Deus a permanecer sempre atento, disposto a conceder-nos a sua misericórdia e a sua graça. É um sacramento em que nos aproximamos tanto do seu trono que a única coisa que nos separa dEle é a nossa humana cegueira. Sim, tudo isso, e mais, é o sacramento da Penitência. Reparamos nisso? Agimos de forma consequente?... Indubitavelmente, não, pois costumamos dedicar-lhe menos tempo e atenção do que a um simples corte de cabelo: depressa e tarde... E já estamos encaminhados!

Se melhoramos pouco, ainda que nos confessemos com frequência, deveríamos lembrar-nos de que há duas coisas que são fundamentais para obter fruto abundante deste sacramento. Uma é a dor de coração. A outra, o exame de consciência.

Qualquer católico sabe perfeitamente que a sua confissão não vale nada se ocultar ao sacerdote um só pecado mortal. Também sabe que faz uma má confissão se não se arrepender sinceramente. Ainda que se acuse de todos os seus pecados mortais, se não tiver dor de coração, se não se arrepender de todos eles, a sua confissão será inútil. No entanto, o que muitos católicos não sabem – ou não percebem – é que a intensidade da graça que recebem na confissão depende do grau do seu arrependimento. Quanto maior for a sua dor de coração, mais graças obterão. Por isso, se nos preparamos mal, se não reparamos na magnitude das ofensas cometidas, se não nos arrependemos delas com verdadeira dor, se não temos um decidido propósito de emenda, estamos desperdiçando um imenso caudal de graças. O tempo que «economizei» sai-me caríssimo.

A solução é óbvia: prepararmo-nos melhor para receber o sacramento da Penitência, dedicar mais tempo a essa preparação. Um bom procedimento é contemplar um crucifixo e procurar imaginar o que Jesus sofreu por nós, procurar sentir o peso dos *meus* pecados sobre os *seus* ombros, sobre as chagas abertas nos seus pés e mãos e no seu peito... Podemos também evocar algumas dessas páginas da nossa vida que tratamos de esquecer, porque nos envergonham. Não têm por que relacionar-se apenas com os pecados contra a castidade, mas também contra a caridade, como, por exemplo, aquela vez em que feri tão brutalmente os sentimentos de um amigo..., ou em que voltei as costas a alguém que precisava de ajuda..., ou tratei de forma orgulhosa e altaneira certa pessoa com quem deveria mostrar-me humilde..., ou fui tão covarde e dei tão mau exemplo..., ou me rebelei contra os desígnios divinos..., ou fui desonesto...

Há com certeza *alguma coisa*, no meu passado, que me envergonha. Procuro puxá-la para fora e tento *sentir* vergonha disso. Não para me torturar, evidentemente, mas para lembrar-me da minha ingratidão para com Deus e das traições que lhe fiz. Procuro atingir um volume máximo de arrependimento para que, depois de me confessar dos pecadinhos da semana passada, haja sinceridade verdadeira ao dizer: «E também me arrependo dos pecados da minha vida passada». E assim a Graça poderá fluir abundantemente para dentro da minha alma.

Se nos preparamos apressadamente para a confissão, o resultado será não só a falta de contrição, mas também um exame superficial. Acabaremos contando sempre a mesma história ao sacerdote, e talvez nos esqueçamos de que, se são sempre «os mesmos velhos pecados» que confessamos de cada vez, é o mesmo que estarmos perdendo o tempo; nem sequer os pecados veniais podem ser perdoados sem que haja um arrependimento verdadeiro e propósitos de emenda. Se cometemos o mesmo pecado venial semana após semana, é de duvidar que estejamos verdadeiramente arrependidos dele. Nesse caso, é melhor não mencioná-los do que fingir uma contrição que não temos. Fica claro assim, mais uma vez, que a nossa contrição precisa ser bem preparada.

E fica claro também que o exame de consciência exige, igualmente, uma preparação cuidadosa. Uns poucos segundos não bastam para fazermos uma avaliação honesta dos últimos dias. É por causa dessa pressa que as nossas faltas diárias não nos chamam a atenção, e que dizemos e pensamos – quase que honestamente – que não nos lembramos de «nada novo». Não? Por acaso não fizemos nenhum juízo temerário? Não perdemos tempo? Não fizemos com que os outros o perdessem? Não tivemos nenhum momento de ira, de preguiça ou de autocomplacência? Não murmuramos nem faltamos à caridade ou à justiça, por pensamento ou palavras? Fomos tão castos, tão limpos de coração, que rejeitamos prontamente um olhar impuro ou um pensamento desonesto?...

São apenas algumas perguntas indicativas, meras sugestões. A única coisa que pretendo com elas é mostrar que, provavelmente, cometemos todos os dias mais faltas e pecados do que julgamos. Não os percebemos porque não queremos gastar cinco minutos por dia em passar um pente fino pela alma. Assim, não é de estranhar que umas confissões precipitadas não nos façam melhorar em nada. A Penitência oferece-nos imensas possibilidades de crescimento espiritual. Além disso, é um sacramento, uma ação divina, assombrosa e sagrada. Devemos tratá-la com profunda reverência, dedicando-lhe o tempo que merece. Se fomentarmos a nossa dor de coração, se formos cada vez mais conscientes de que somos pecadores e de que, portanto, pecamos, desenvolver-se-á em nós um sentido mais profundo de gratidão a Deus por ter-nos proporcionado este maravilhoso instrumento de reconciliação. Nunca nos confessaremos precipitadamente. E a penitência que o sacerdote nos impuser há de parecer-nos muito leve e o nosso agradecimento ao Senhor sempre insuficiente para correspondermos às graças recebidas num sacramento que apaga as nossas infidelidades e nos restaura o amor.

«Vinde a mim»

Ao cair da tarde, Jorge chega do trabalho, entra pela cozinha como um furacão e diz à mulher: «Oi, querida... Vou mudar de roupa. Filipe e eu vamos jogar golfe antes que escureça». «Mas, Jorge», objeta a esposa, «é muito tarde e eu te preparei um jantar especial: bife à milanesa, com aspargos e verduras, e uma torta de limão». «Sinto muito, querida», responde Jorge. «Comerei um sanduíche no Clube de Golfe. Bom apetite...» Em cinco minutos, Jorge está a caminho. Sua mulher não pode reprimir o choro. «Não me ama», soluça contemplando o excelente jantar que tinha preparado para o marido.

Qualquer mulher que leia isso simpatizará com a esposa de Jorge e até muitos homens lhe darão razão, sem pensar que quase todos somos culpados de uma falta de consideração semelhante, e em muito maior grau. Falta de consideração para com Jesus. Desprezo do amor que Ele derramou a mãos cheias sobre nós. Indiferença perante o Grande Banquete a que nos convida.

Não é necessário ter muita imaginação para ver um Jesus entristecido cada vez que conclui uma Missa dominical. Há lágrimas nos seus olhos ao contemplar como muitos dos assistentes abandonam a igreja a toda a velocidade, sem terem comungado. Desprezaram o divino banquete que lhes preparara à custa da sua própria vida.

Não é fácil entender a atitude daqueles que assistem à Missa todos os domingos e nunca comungam. Alguns podem ter de vez em quando os seus motivos, com certeza. Pode tratar-se de um mal-estar súbito, de um escrúpulo repentino, de não terem tido tempo de confessar--se... Sim, isso pode acontecer, mas será sempre uma exceção. A maioria dos que não «costumam comungar, abstêm-se porque amam muito pouco a Jesus.

Na Última Ceia, a mente do Senhor devia estar completamente absorta, pensando na terrível prova que o esperava. Se tu e eu soubéssemos, como Ele, que dentro de poucas horas iríamos sofrer espantosas afrontas e torturas físicas para terminar morrendo numa cruz, ficaríamos paralisados pelo terror. Ele, no entanto, nesses momentos só se ocupou de nós. Sabia que tinha que abandonar-nos fisicamente, mas fez tudo o que estava ao seu alcance para ficar conosco.

Na sua mente divina, sondou todas as formas com que podia, enquanto houvesse homens sobre a terra, alcançá-los com o seu amor. A que escolheu foi tão inaudita, tão sensacional, que só Deus podia concebê-la; tão milagrosa, tão sobrenatural, que só Ele podia levá-la a cabo: ficaria Ele próprio e se daria a cada um de nós como alimento sob as aparências do pão e do vinho. Não só poderíamos adorá-lo ao fazer-se presente no Santo Sacrifício da Missa, ou no Sacrário, mas também tê-lo dentro de nós, fazer-nos carne da sua Carne e sangue do seu Sangue. Quis poder envolver-nos num abraço muito mais total e íntimo que tudo o que o homem poderia imaginar. E, assim, decidiu dar-se Ele próprio nesse ato de absoluta entrega e mútua fusão a que chamamos Sagrada Comunhão.

Lá está Ele, portanto, à nossa espera, nos momentos finais da Santa Missa, com os braços abertos. Acaba de renovar o oferecimento que fez por nós a Deus Pai, o mesmo que realizou no Calvário. Acaba de estar com Ele para trazer-nos as graças que, desde aquele momento no Calvário, vem guardando para nós. Olha-nos e diz: «Vem a mim, tu a quem tanto amo. Vem e recebe as graças que consegui para ti. Deixa-me repousar no teu coração. Deixa-me penetrar não só no teu sangue, mas também, através de uma divina osmose, na tua alma. Vou proporcionar-te uma nova vida, um novo vigor. Fortalecerei os laços que te unem a mim. Vem, *por favor...* Abre-me o teu coração».

Fantástico!, dirás. No entanto, esconde-se aí uma realidade tão sólida e verdadeira como a de tudo o que procede de Deus. Jesus deseja que lhe demos oportunidade de vir a nós, e nós permanecemos imóveis no nosso banco, como lagartixas ao sol, mudos e passivos. Às vezes, até nos impacientamos pelo tempo que o sacerdote demora a dar a Comunhão aos outros. Ficamos indiferentes ao que se está passando, como se nada tivesse a ver conosco. Aguardamos o momento em que «aquilo» termine para podermos fumar um cigarro ou ir para casa tomar o aperitivo.

Exagerado?... E que outra explicação se pode dar à nossa atitude? Por acaso não revela indiferença e desamor?

Não posso justificar-me dizendo que estou em pecado mortal, porque confessar-se não é uma coisa tão difícil. Em última análise, basta ir à sacristia e procurar um sacerdote. Se de verdade amo a Jesus, se tenho um mínimo de gratidão por Ele, não deixarei de me confessar.

Talvez não esteja em pecado mortal e pense apenas que não sou digno de comungar com frequência. Se for assim, é porque forjei uma ideia falsa da virtude da humildade, porque uma virtude que nos afasta de Cristo não é virtude. O Senhor não nos pede que só o recebamos quando o merecermos, porque então nunca o receberemos. A única coisa que nos pede é que lhe permitamos vir a nós para que possa ajudar-nos a ser um pouco menos indignos de recebê-lo.

Não acho que sejas tão tolo que não comungues por não te apetecer. Santo Deus!, como diria a minha avó irlandesa. O teu Senhor e teu Deus estende os braços para ti e tu, como uma criança mimada, o repeles e viras a cara...

Se o que te afasta da Sagrada Comunhão é simplesmente a preguiça, compreendo que te custe admiti-lo. Seria embaraçoso ter de confessar que preferes uns minutos de distração a uns minutos de oração que te preparem para comungar; ou que és letárgico demais para concentrar-te em dar graças depois de fazê-lo. Mas se a preguiça for a *verdadeira razão* da tua negligência e da tua indiferença, a lembrança de Jesus suando um suor de sangue enquanto ora por ti, durante a noite da Quinta para a Sexta-feira Santa, deveria despertar-te um pouco desse torpor.

«VINDE A MIM» 81

«É que sempre me sinto mal se não como alguma coisa logo cedo», ou «sempre fico com dor de cabeça se não tomo o café da manhã», são desculpas que já não valem. Com um jejum de apenas uma hora, não há estômago, por delicado que seja, que tenha o direito de protestar; quanto ao café da manhã, basta acordar um pouco mais cedo ou assistir à missa da tarde. E quanto aos remédios, já sabemos que não há problema algum em tomá-los mesmo imediatamente antes da Comunhão.

Pode ser que existam outras desculpas para não comungar, mas não me ocorrem. Creio que, se o Senhor nos aparecesse e nos perguntasse qual a razão por que repelimos o seu convite, não saberíamos o que responder-lhe. Porque, à parte esse reduzido tempo de jejum eucarístico, a única coisa que se requer para comungar é estar limpo de pecado mortal e ter uma intenção reta.

O principal motivo para que comunguemos é porque Jesus o quer, mas também há outros, talvez mais interessados, mas não menos legítimos. Assim, por exemplo, o nosso desejo de alcançar uma felicidade imperecível: Jesus prometeu-nos que *quem comer a minha carne e beber o meu sangue terá a vida eterna e Eu o ressuscitarei no último dia* (Jo 6, 55), pelo que é indubitável que a Comunhão nos garante o Céu. Como também o justificado desejo de nos livrarmos do inferno, pois o próprio Jesus nos advertiu que *se não comerdes a carne do Filho do Homem e não beberdes o seu sangue, não tereis vida em vós* (Jo 6, 54).

Alcançar o Céu e evitar o inferno é uma consequência da obra que Jesus realiza na nossa alma quando o recebemos na Sagrada Comunhão. É Ele quem nos ajuda a crescer no amor de Deus. Talvez esse crescimento não se manifeste emocionalmente, mas redunda na firme determinação de fazer a vontade de Deus. Intensifica também em nós essa participação na própria vida divina a que chamamos graça santificante. Convertendo-se em nosso alimento espiritual, Deus realiza em nossas almas aquilo que a comida material realiza no corpo. Subministra-nos a saúde de que necessitamos para evitar o contágio, vencer as tentações e livrar-nos do pecado. Ajuda-nos igualmente a crescer em amor ao próximo e a levar a cabo obras de caridade mais facilmente... Sim, estas e outras são excelentes razões para comungar com frequência, mas a melhor de todas, a definitiva, é que Jesus o quer.

Alguém poderia objetar: «Pois eu comungo com frequência e não vejo que me aproveite muito. Continuo na mesma. Não melhoro nada...» Uma resposta poderia ser esta: «E quem lhe diz que não seria agora muito pior, se não comungasse?» E outra melhor: a de que somos maus juízes de nós mesmos, sobretudo quando se trata de avaliar o nosso estado espiritual. Quem pensa que dá passos de gigante na sua vida espiritual pode estar marcando passo aos olhos de Deus. A humildade de quem pensa que não é tão bom como deveria, pode ser um bom indicador de que as suas comunhões surtem efeito.

Se te incluis entre aqueles que vão à Missa e comungam com frequência – até diariamente –, farás bem em deixar que seja Jesus quem meça o que está acontecendo na tua alma. Conforma-te com saber que lhe estás dando a alegria de responder à sua chamada. Ele te diz «Vem a mim!», e tu vais. Isso é tudo.

O que só tu podes dizer

Gostas de assistir à Santa Missa? Não é imprescindível que possas responder «sim» a esta pergunta. Podes ser um bom católico e, no entanto, custar-te assistir a ela. Afinal de contas, a principal finalidade da Missa não é fazer-nos passar uns momentos agradáveis, mas dar glória a Deus. Se assistes fielmente à Missa só para cumprir um dever, estás fazendo algo agradável a Deus, ainda que te sintas aliviado quando termina. No entanto, se compreendêssemos bem o que é a Santa Missa e *qual é o nosso papel nela*, deixaria de ser algo aborrecido e desagradável, e sentiríamos uma grande satisfação ao participar nela.

Infelizmente, para muito católico, a Missa dominical é uma prática rotineira, um simples costume. Assistem a ela porque sabem que a Santa Madre Igreja o manda, e fazem bem, porque assim cumprem um grave dever. Mas é evidente que não chega a influir nas suas vidas.

Para compreendermos o significado da Santa Missa, temos de ser conscientes da importância das nossas relações com Deus. Ele é o nosso Criador. Somos seus da cabeça aos pés, de corpo e alma. Respiramos graças a Ele, pois Ele é tudo para nós. Valemos unicamente por aquilo que Ele colocou em nós. Recebemos dEle tudo o que somos. Se Ele se esquecesse de nós – o que não acontecerá –, deixaríamos de existir num abrir e fechar de olhos.

Sim, temos que nos convencer de que dependemos absolutamente do Deus que nos criou e nos continua mantendo na existência. A própria natureza das nossas relações com Ele assim o exige. Os que são pais podem fazer uma ideia disto pensando nos seus filhos. Quando estes são pequenos, a sua dependência em relação a eles é algo evidente de per si. Depois, quando crescem, os pais esperam que eles ao menos lhes deem alguma prova de gratidão pelos sacrifícios que fizeram por eles. Talvez não o manifestem com palavras, mas, se virem que os filhos se comportam como se se tivessem feito por si próprios e não lhes devessem nada, sentirão uma dor imensa. E nem é preciso dizer nada se os filhos os desprezassem...

Deus tem direito a esperar de nós uma gratidão ainda maior, a receber de nós o reconhecimento sincero da sua infinita bondade e grandeza, o testemunho da nossa dependência. Mas, sobretudo, tem direito a que lhe manifestemos o nosso amor, a que correspondamos ao amor que derramou sobre nós sem medida.

Cumprimos esta obrigação, parcialmente, sempre que rezamos. No entanto, desde os tempos mais remotos, os homens foram conscientes de que se necessitava de algo mais do que palavras para cumprir com esse dever de justiça. E assim, desde os dias de Caim e Abel, o homem ofereceu *coisas* a Deus, para corresponder aos seus benefícios. Escolhendo o melhor do que Deus lhe tinha outorgado, oferecia-lhe as primícias das suas colheitas e dos seus rebanhos, das suas façanhas e das obras de suas mãos. Estas oferendas do homem a Deus tinham um nome: *sacrifício*, que significava «algo *tornado sagrado*», convertido em sagrado ao ser separado para Deus e oferecido a Ele.

Os atos que realizamos são sempre mais expressivos e valiosos que as meras palavras. O próprio Deus mostrou o seu agrado por esse tipo de oração traduzida em obras, prescrevendo no Antigo Testamento diversas formas de sacrifício: oferenda de cordeiros e ovelhas, bois e cabras, pão e vinho... Eram coisas muito pobres, indignas de Deus, que as tinha criado, mas eram a única oferenda que os homens podiam fazer-lhe, e Ele as aceitava comprazido.

Mas, depois, Jesus veio ao mundo. Sendo Homem, como era, podia falar em nome dos homens. Na sua Humanidade, estavam representados e de certa forma compreendidos *todos* os homens. Ninguém mais apto que Ele para devolver a Deus tudo o que lhe devíamos, para expressar com palavras, ou sem elas, a realidade de cada homem: «Meu Deus, Tu és o meu todo. Inclino-me diante da tua grandeza. Submeto-me totalmente a Ti. Entrego-te a minha vontade e, com ela, o meu amor. Tudo o que tenho vem de Ti e eu te dou graças por isso. Lamento ter desperdiçado tantas vezes os teus dons e peço-te perdão pelas minhas muitas infidelidades».

Como *o* Homem por excelência, como expressão numa só Pessoa de todo o gênero humano, Jesus Cristo podia fazer essa oferenda em nome de todos os homens de todos os tempos. E Ele a fez: na Cruz. Nela, não ofereceu ao Pai animais, gráos ou frutos. Ofereceu-se a si próprio... Mas não só fisicamente. Isso teria sido mais do que suficiente, pois, sendo Deus, uma só gota do seu Sangue tinha um valor infinito; um simples suspiro do seu Sagrado Coração valia infinitamente mais do que dez mil montanhas levantadas com bois e ovelhas. No entanto, Jesus ofereceu-se *todo* Ele, na totalidade do seu ser, mediante um ato supremo de obediência e amor: «Não se faça a minha vontade, mas a tua».

Com efeito, no seu papel de novo Adão, Jesus ofereceu-se a Deus por todos e cada um dos homens, mas o seu sacrifício só é eficaz se nós – cada um de nós – *quisermos* que Ele nos represente. Fez as coisas de tal modo que é preciso que nós aceitemos com um «Amém» o seu sacrifício. Quis dar-nos a oportunidade de estamparmos a nossa assinatura na oferenda que realizava. Por isso, na véspera da sua morte, na Última Ceia, instituiu o Santo Sacrifício da Missa.

Como uma vasta e diversificada rede elétrica que chegasse a todos os recantos da terra a partir de uma poderosa central elétrica, a Missa transmite através do espaço e do tempo o Sacrifício de Cristo no Calvário. Na Missa, cada um de nós pode participar livremente da oferenda que Jesus fez na Cruz por todos nós. E se a ela acrescentarmos a nossa adoração e o nosso amor a Deus, tanto

O QUE SÓ TU PODES DIZER · 87

melhor. Como desperdiçarmos semelhante ocasião de unir ao seu o nosso próprio «Amém»?

Trata-se, sem dúvida, de uma descrição pobre e insuficiente daquilo que acontece na Missa. É mais uma imagem do que uma explicação, mas talvez nos ajude a assistir ao Sacrifício do altar de outro modo. Porque seria lamentável que, ao entrarmos na igreja, pensássemos que só estamos ali para *ver* ou *ouvir* o sacerdote; seria uma pena que adotássemos uma atitude meramente passiva. Não, estamos ali para levarmos a cabo nós mesmos uma ação santa. Uma ação de transcendental importância, uma ação que nem sequer Jesus Cristo pode realizar por nós. A Missa põe-nos em comunicação direta com o Calvário, mas só se fizermos uso dessa linha. Temos que dizer a Jesus, presente na Cruz: «Aqui estou, Senhor, para me oferecer contigo ao Pai». Temos que apor na oferenda a nossa assinatura pessoal. Temos que dizer com veemência: «Amém!»

Há um momento na Missa em que a nossa participação se exprime em termos muito belos. É o momento em que, no final do Cânon e antes do Pai-Nosso, o sacerdote toma o cálice e a patena com a Sagrada Forma nas suas mãos, eleva-os e diz: «Por Cristo, com Cristo e em Cristo. A vós, Deus Pai Todo-poderoso, na unidade do Espírito Santo, toda honra e toda glória, agora e para sempre...» E os fiéis, em uníssono, respondem: «Amém!». Antigamente, chamava-se a esta exclamação «o Grande Amém» da Missa, porque nela se expressa maravilhosamente o espírito com que devemos assistir ao Santo Sacrifício. Não deixemos de expressar *vocalmente* a nossa união total e a nossa participação pessoal em tão grandiosa oferenda.

Assim, pois, entramos na igreja com a plena consciência de que Deus, o nosso Criador, o nosso Pai, espera que lhe rendamos homenagem. Começa a Missa e nos colocamos junto de Jesus Cristo, que se prepara, através do sacerdote, para renovar o grande Sacrifício, a sua oferenda total no Calvário. As orações e os cânticos com que participamos na Santa Missa são uma forma adequada de manifestarmos que a Missa é a oferenda de toda a família de Cristo, de todo o povo de Deus. No entanto, não está aí o essencial. O essencial é que participemos da Missa *pessoalmente*. Quer rezemos em comum ou individualmente, temos que ser conscientes, ao longo de toda a Missa, de que é Deus Pai quem nos espera e Deus Filho quem atua. A nossa atitude deve ser esta: «Sim, Jesus, sim... Fala por mim. Uno-me a Ti, entrego-me a Ti por inteiro. Toma o pouco que sou, o pouco que valho, o pouco bem que fiz, e une-o à tua oferenda divina...»

É isso o que o Santo Sacrifício da Missa deveria significar para nós. Se assistimos a ela com a consciência clara de que é importantíssimo que nos unamos a Jesus naquilo que Ele mesmo realiza naquele momento, nunca será para nós aborrecida ou pesada. Se há um tempo na nossa vida em que devemos estar despertos, alerta e em tensão, esse tempo é o da Missa. Se até agora a aceitávamos como uma obrigação, quase como uma penitência, era, sem dúvida, porque esquecíamos como é importante para Deus que participemos nela. E se entendermos bem a grandeza dessa nossa participação, bem pode ser que já não nos baste ir à Missa apenas aos domingos.

Como rezas?

Certa vez, visitando o Novo México, há já muitos anos, encontrei um indivíduo que parecia transtornado. Era um comerciante que dedicava os seus tempos livres a procurar minas de prata. Tinha solicitado a concessão para explorar uma vasta extensão de terra onde encontrara rochas argentíferas. Nos fins de semana, à base de dinamite e picareta, ia escavando a encosta de uma colina, com a finalidade de obter as amostras necessárias e enviá-las para análise. No dia em que o conheci, acabava de receber o laudo do laboratório: o teor de prata daquelas rochas era tão baixo que não justificava a exploração comercial. Tinha perdido horas e horas de trabalho extenuante...

Se nós pudéssemos enviar amostras das nossas orações a uns laboratórios celestiais para que as analisassem, talvez ficássemos tão desolados como aquele pobre comerciante. Porque o laudo talvez indicasse que, entre a ganga das nossas palavras, não havia oração suficiente para justificar o tempo e o esforço acumulados.

Há duas coisas que determinam a qualidade das nossas orações: a *atenção* e a *reta intenção* com que rezamos.

Que devemos estar atentos, sabemo-lo porque o aprendemos no catecismo. Rezar não é recitar conjuros. O próprio Jesus no-lo advertiu: *Quando orardes, não façais como os gentios, que pensam que serão ouvidos à força de palavras. Não os imiteis, pois bem sabe o vosso Pai de que coisas tendes necessidade antes de que lho peçais* (Mt 6, 7-8).

Com isso, o Senhor não condena a oração de petição. Disse claramente e repetiu muitas vezes que Deus quer que lhe peçamos ajuda. Ainda que conheça as nossas necessidades, deseja que reconheçamos que dependemos dEle. De cada vez que nos dirigimos a Ele para pedir-lhe uma graça ou um favor, estamos reconhecendo-o como Pai amoroso e fonte de todo o bem.

O que o Senhor rejeita é a oração puramente mecânica, a repetição de palavras como algo valioso em si mesmo, independentemente de que saibamos ou não o que dizemos. É uma forma de rezar que encontra a sua expressão mais extrema nos monges do Tibete: enchem uma grande roda de papéis escritos com orações e depois fazem-na girar, pensando que isso basta.

A definição exata de oração cristã é a do catecismo: «Orar é elevar o coração e a mente a Deus, e pedir-lhe graças». As palavras ditas ou escritas não significam nada, se os nossos sentimentos e os nossos pensamentos permanecem à margem delas.

Se sabemos que é assim, não deveríamos começar a rezar enquanto não estivéssemos prontos para poder prestar atenção ao que dizemos, ou melhor, ao que *fazemos*, porque é mais importante estarmos centrados em Deus do que em cada uma das palavras que pronunciamos; estas, no fim das contas, não são senão a estrada que a nossa alma percorre para chegar até Deus. As palavras não passam de um meio de conseguir que o meu corpo tome parte no meu ato de adoração, e assim todo o meu ser, alma e corpo, se eleve até Ele.

Posso, por exemplo, rezar a ladainha do terço para honrar a Virgem Maria e, enquanto rezo, transbordar de amor por Ela quase sem ter consciência das palavras que estou pronunciando. E o contrário: fixar-me nas palavras, recitá-las com servil precisão, mas ter o coração frio como uma pedra e a mente em outro lugar. A primeira é uma boa maneira de fazer oração; a segunda, não.

Sabemos perfeitamente que a atenção que devemos prestar à oração não é anulada pelas nossas distrações involuntárias, por muitas que sejam. A mente humana é instável como uma criança: inquieta, errática, incapaz de realizar um esforço persistente. Podemos começar a fazer oração com o decidido propósito de estarmos atentos ao que fazemos e, ao cabo de três minutos, verificar que nos pusemos a assistir a um jogo de futebol. Coisa que costuma acontecer sobretudo quando estamos cansados, preocupados ou ansiosos.

Isso não nos deve desanimar. A nossa oração é agradável a Deus mesmo que tenhamos que estar constantemente repelindo as distrações. Mais ainda, esse tipo de oração pode ser *especialmente* agradável a Deus. Na medida em que nos tenhamos posto a orar com reta intenção e sincero empenho em prestar a Deus toda a atenção que possamos, Ele acolherá plenamente a nossa oração.

A *reta intenção* é um tema-chave. Geralmente, rezamos porque Deus quer que rezemos. É um dever que, como criaturas, temos para com o Criador. Rezamos, portanto, por obediência, para cumprir uma grave obrigação. Sendo este o motivo fundamental, seria uma estupidez que não rezássemos alegando que não temos vontade ou que não sentimos nada. Rezar não é uma questão de inclinação ou de conveniência. Não podemos justificar-nos de não rezar dizendo que não nos apetece ou que não temos tempo. É preciso achar tempo para a oração.

Menos ainda nos justifica alegar que não obtemos nenhum benefício da oração, porque a finalidade da oração não é conseguir isto ou aquilo. Rezamos para comprazer a Deus, porque Ele quer que rezemos. Podemos não sentir nada, podemos terminar o nosso tempo de oração completamente secos, sem ter recebido a menor inspiração. Não tem importância. Apesar de tudo, a nossa oração continua a ser muito grata a Deus.

Além da intenção fundamental de cumprir um dever para com Deus, podemos ter outras intenções secundárias. Apesar do que aprendemos no catecismo, muitos pensam que a oração consiste principalmente em pedir coisas a Deus. É uma coisa boa, mas não é o fundamental. Quem só reza com a intenção de pedir e esquece o resto, tem poucas probabilidades de que Deus o escute.

A menos que anteponha às suas petições a adoração, a ação de graças e o arrependimento, está pouco qualificado para ser atendido. Se Deus vê que, sempre que nos colocamos diante dEle, o fazemos de mãos estendidas, somente para pedir alguma coisa, podemos estar certos de que a sua Bondade não deixará de escutar-nos; sendo como é, terá piedade da nossa ignorância ou será paciente com o nosso egoísmo, mas as nossas orações serão bem mesquinhas.

Rezar é um dever para com Deus, e o primeiro objetivo desse dever é dar à sua infinita bondade, à sua grandeza e santidade a adoração que merecem. Temos, pois, que ter diante do Senhor uma atitude de reverência e admiração, como criaturas diante do seu Criador, como filhos pequenos na presença de seu Pai. Dir-lhe-emos que o amamos, que reconhecemos que dependemos dEle, que lhe devemos tudo; suplicaremos que nos faça obedientes e leais até a morte aos seus desígnios divinos; conscientes de que Ele é a Sabedoria infinita e conhece perfeitamente o que mais nos convém, de que nos ama e deseja o melhor para nós, prometeremos fazer sempre a sua vontade.

Todos esses sentimentos estão implícitos no nosso ato de adoração. São os que encontramos na oração que o próprio Cristo nos ensinou, o *Pai Nosso*, e os que se contêm no *Glória,* no *Credo* dos Apóstolos e em qualquer outra oração em que louvamos a Deus: ladainhas, salmos, jaculatórias, etc. Também as orações que dirigimos à Santíssima Virgem Maria e aos santos são, indiretamente, atos de adoração a Deus, pois, ao honrá-los, honramos Aquele que, com a sua graça, fez deles obras-primas.

Outro dos objetivos da oração é dar graças a Deus. As nossas orações de ação de graças deveriam ser pelo menos tão frequentes como as de petição. Porque são inúmeros os dons que recebemos do Senhor. Devemos agradecer-lhe que nos tenha criado e nos tenha destinado a gozar eternamente da sua divina presença; que nos tenha redimido e nos perdoe os nossos pecados; que nos tenha outorgado gratuitamente o dom da fé; que nos tenha livrado de tantas tentações, de tantos perigos; que nos tenha dado tão bons pais, esposa, filhos e amigos, saúde e êxitos; ou que tenha permitido, para nosso bem, essa doença ou esse fracasso... Mas, sobretudo, devemos dar graças – como fazemos no *Glória* da Missa – por ser Ele tão glorioso como é. Qualquer oração que rezemos pode ser convertida em oração de ação de graças; Pai--Nossos e Ave-Marias, ladainhas e terços, novenas e jaculatórias. No entanto, será bom que, de vez em quando, demos graças com palavras próprias.

Se adoramos a Deus pela sua grandeza e bondade infinitas, se reconhecemos que temos com Ele uma imensa dívida de gratidão, é impossível que – imediatamente e de maneira quase automática – não se forme no nosso coração e na nossa mente uma nova intenção. Abusamos tanto do amor de Deus; rejeitamo-lo tantas vezes, preferindo a nós próprios; pecamos. Assim, portanto, conscientes da nossa rebeldia, pedimos perdão. Um ato de contrição brota dos nossos lábios quase espontaneamente e, com o nosso arrependimento e a nossa dor, surge o propósito de evitar o pecado e tudo o que nos possa conduzir a ele.

Essa atitude tem de manifestar-se em *atos* de reparação: em súplicas, missas, obras de caridade, sacrifícios oferecidos em expiação pelos nossos pecados... Inspirados pelo amor a Deus, para quem as nossas almas significam tanto, encontramos também muitas ocasiões de expiar pelos outros. Pedimos a Deus que conceda as graças de que necessitam a esses pecadores tão cegos e tão endurecidos que não são capazes de se arrepender por si próprios.

Se rezarmos assim, com atenção e com reta intenção, descobriremos o imenso poder da oração. E não deixaremos nunca de rezar. Jamais iniciaremos a nossa jornada sem santificá-la com a oração, sem dar «bom dia» ao Senhor. Podem ser uns segundos, pois não é necessário mais para dizer-lhe: «Meu Senhor e meu Deus, adoro-te, amo-te e dou-te graças por me concederes mais um dia de vida. Peço-te as graças de que necessito neste dia para fazer a tua vontade». Se tivermos tempo, poderemos desenvolver mais amplamente essas ideias e sentimentos, mas, em qualquer caso, teremos focalizado bem a nossa jornada aos olhos de Deus.

E o mesmo à noite. Por muito cansados que estejamos, não iremos para a cama sem agradecer a Deus os dons recebidos durante o dia e sem pedir-lhe perdão pelos pecados e faltas que cometemos.

Isso não exclui de maneira alguma que rezemos também em outros momentos do dia. Que bom seria que dedicássemos todos os dias um tempo à oração mental, à oração interior sem palavras! Que bom seria que rezássemos todos os dias o terço!... Seja como for, que não passe um só dia sem que pecamos a Deus: «Meu Deus, ajuda-me a rezar bem!».

Valor e compaixão

Jorge foi um homem muito favorecido pela vida. Teve uns pais bons e carinhosos e uma infância feliz. Era inteligente e sempre tirou boas notas. Teve êxito na vida e a sua situação econômica era mais que folgada. Casou-se com uma mulher bonita e bem arrumada, excelente dona de casa e boa mãe de família que, além do mais, adorava o marido, a quem considerava o melhor homem do mundo... Em resumo: Jorge teve uma existência feliz, numa atmosfera tranquila, livre de tensões e de frustrações. A sua vida, portanto, foi irrepreensível, e gozou de uma merecida boa reputação.

A vida de João foi de outro tipo. Teve uma juventude amarga, pois os seus pais davam-se mal, discutiam constantemente e ameaçavam separar-se. Fosse pelos traumas emocionais ou porque não era muito inteligente, as suas notas eram quase sempre baixas. Obteve a duras penas um título universitário, quase por condescendência, e depois um emprego modesto, que mal lhe permitia sobreviver. Sem condições de poder fazer economias, temia sempre perder o emprego, adoecer ou sofrer um acidente grave. Viveu num bairro modestíssimo, barulhento e pouco recomendável, de casas antigas e amontoadas. Sua mulher era apática e, além disso, rabugenta. Talvez por isso, João bebia muito, perdia a paciência com facilidade e dizia sonoros palavrões. Evidentemente, não teria podido ser nunca candidato ao título de «o homem mais virtuoso do ano». Ambos eram católicos e cumpriam com os seus deveres religiosos. Jorge ia à Missa e comungava com frequência; João, apenas aos domingos e dias de preceito e em algumas datas especialmente significativas.

Deus os levou quase ao mesmo tempo, com poucos dias de intervalo, e os dois compareceram diante dEle para serem julgados. Ambos foram para o Céu, mas o Juízo particular trouxe-lhes surpresas consideráveis. A de Jorge consistiu, principalmente, em que não obteve o «posto» que esperava. «Sim, foste bom», disse-lhe Deus, «mas como não havias de sê-lo? Mal tiveste contrariedades ou problemas. As tuas paixões eram por natureza moderadas e não tiveste na tua vida tentações fortes. Foste um homem virtuoso, mas deverias ter sido um homem santo...» João, por sua vez, teve uma surpresa ainda maior, porque «passou à frente» de Jorge e ficou colocado mais acima. «Sem dúvida poderias ter sido melhor», disse-lhe o Senhor, «mas, ao menos, lutaste. Não te compadeceste excessivamente de ti mesmo e nunca jogaste a toalha ao chão. Tendo em conta as tuas insuficiências e as tuas circunstâncias, não foste tão mal e aproveitaste muitas das minhas graças...»

VALOR E COMPAIXÃO

Essa modesta parábola procura mostrar uma verdade que é frequentemente desfigurada e esquecida: a de que o pecado e a virtude não podem ser apreciados unicamente por aquilo que deles aparece na superfície. Se todos nascêssemos com os mesmos dons naturais, se todos vivêssemos rodeados das mesmas circunstâncias, se todos tivéssemos as mesmas oportunidades e enfrentássemos as mesmas tentações, poderíamos dizer, sem receio de nos enganarmos: «Fulano é bom, Beltrano é mau». Mas as coisas não são tão simples e, por isso, só Deus pode julgar cada homem. Só Ele sabe o que cada um fez, no quadro da sua personalidade e das suas circunstâncias individuais, para não desperdiçar as graças que recebeu.

Sendo essa a realidade, a primeira coisa de que todos necessitamos é de valor, energia, coragem. Todos temos limitações. São poucos os que, quando chegam a adultos, gozam de uma personalidade perfeitamente equilibrada, e menos ainda os que conseguem evitar ferimentos e abalos. Além disso, as paixões podem ser muito fortes, a vontade fraca e a inteligência limitada; as condições de vida, adversas; o meio social, desfavorável; as preocupações, muitas; a tensão, constante...

Deus conhece tudo isso, e, a cada um de nós, só nos pede que façamos o possível por enfrentar a nossa situação pessoal com energia e constância; que lutemos, que nos esforcemos por ir adiante, por muitas que sejam as nossas quedas ou os nossos fracassos. Deus espera de nós não tanto uma vitória completa ou definitiva como um esforço constante. Ele nos há de julgar mais por aquilo que tenhamos tentado do que por aquilo que tenhamos conseguido. Pode ser que nada disso tenha aplicação ao nosso caso. Talvez gozemos de uma situação na vida que nos ajude extraordinariamente a evitar o pecado e a ser «como Deus manda». Se é assim, certamente Deus espera muito mais de nós. Não se contenta com que sejamos «bons»; quer que sejamos *santos*. Conhece tanto o nosso «ativo» como o nosso «passivo», e não gosta de que nos conformemos com «viver de rendas», com ser «naturalmente virtuosos»...

Mas o mais provável é que não seja assim, isto é, que cometamos pecados, tenhamos defeitos sérios e sucumbamos por vezes às tentações. Nesse caso, a maioria de nós, certamente, necessita mais de ser animado a lutar do que de sentir continuamente a ferroada das recriminações. E o melhor ânimo que podemos receber é saber que Deus nos conhece e que avalia todas as nossas limitações e todas as nossas circunstâncias.

Na medida em que deve aumentar a nossa coragem para nos esforçarmos por fazer a vontade de Deus, deve aumentar a nossa compreensão para com o próximo e para com os seus problemas. Isso quer dizer que não devemos escandalizar-nos com os erros, fraquezas e defeitos dos outros. Nunca devemos ser críticos amargos nem murmurar. Devemos lembrar-nos sempre de que, apesar da nossa situação privilegiada, talvez estejamos fazendo por Deus menos do que «esse» que faz tão pouco. O homem – ou a mulher – que critico ou condeno pode estar bem mais alto no conceito de Deus do que eu.

Nunca chegaremos a conhecer todas as influências ocultas que determinam os atos dos outros: como foram os pais que tiveram, que crises experimentaram na juventude, que amargas experiências tiveram de enfrentar. Como me atrevo, pois, a erigir-me em juiz da virtude do meu próximo?

É bem verdade que não posso passar por alto, como se não me dissessem respeito ou não tivessem importância, os atos pecaminosos que os outros cometem. No entanto, a minha atitude para com quem peca deve ser sempre de compaixão, não de desprezo. Se me for possível, corrigi-lo-ei a sós, com caridade e energia, e, se não puder fazê-lo, rezarei por ele. Mas jamais deve sair da minha boca uma murmuração.

Um dos traços mais característicos do Senhor, enquanto viveu entre nós, foi precisamente a compaixão. Junto do poço de Jacó, compadeceu-se da Samaritana, que vivia em concubinato; como também dos publicanos, que tinham fama de desonestos; e de Maria Madalena, pecadora pública; e de João e Tiago, que eram uns ambiciosos; e do desconfiado Tomé; e do cabeçudo Pedro...

Só com os fariseus é que Jesus se mostrou sumamente severo. Eram homens que gozavam de uma posição privilegiada: respeitados, cultos... Mas condenavam os outros e oprimiam os humildes. E como Jesus era Deus e lia nos corações, podia julgá-los e assim o fez. Nós, no entanto, não temos esse direito. Quando vierem aos nossos lábios palavras amargas que achamos justas, lembremo-nos de que *não* somos Deus, de que não podemos ler nos corações. Teremos compaixão, rezaremos e guardaremos silêncio.

A nossa vizinha é uma dona de casa «marreteira» e desleixada. De acordo, mas recebeu a mesma educação que eu? Goza de boa saúde? É uma mulher feliz ou infeliz?... Seu marido é um fanfarrão que não cessa de se dar ares de importância. Sim, mas sei por quê? Conheço o complexo de inferioridade que talvez o acue, a necessidade que tem de se autoafirmar?... Aquela pobre viúva que vive em frente é insuportável. Não sabe falar de nada que não sejam as suas dores ou os seus achaques. Está certo, mas, já pensei que vive só, que é infeliz e necessita de alguém com quem desabafar?... O meu chefe é um tirano, um homem impiedoso que trata os subordinados como escravos e nunca tem uma palavra amável para ninguém. Não há dúvida. Mas, já pensei nas frustrações e nas inseguranças que o fazem comportar-se de maneira tão desagradável? ... Considerações como essas são as que levam à compaixão e à compreensão, e a evitar a murmuração e a crítica amarga.

Coragem e compaixão! Virtudes gêmeas que farão da prática da nossa religião uma realidade gozosa e amável. Seremos valorosos e alegres quando nos esforçarmos por ser virtuosos, porque haveremos de lembrar-nos de que Deus não nos pede nunca mais do que somos capazes de fazer. Ele conhece a nossa capacidade, mas também as nossas limitações. Faremos tudo o que pudermos e Deus fará o resto.

Trataremos os outros amavelmente porque os compreenderemos. A nossa compaixão far-nos-á considerar as possíveis insuficiências, problemas e defeitos de que padecem e que só Deus conhece. E sendo compassivos, descobriremos, talvez com surpresa, que ser caridoso é muito mais agradável do que ser ressentido, amargo e crítico. Na murmuração e na crítica, na propensão para julgar o próximo e esquadrinhar os seus defeitos, há sempre um veneno que corrói e destrói o coração de quem se empenha nisso. A compaixão e a compreensão, pelo contrário, proporcionam um otimismo e uma criatividade – quase um sentimento de exultação – que engrandecem a alma.

Se formos compassivos, seremos mais felizes. Além disso, há poucas virtudes como esta que nos aproximem tanto do coração de Cristo.

Guardião do meu irmão

Nestes últimos tempos, a palavra *solidariedade* pôs-se de moda. É, com efeito, um sentimento – ou uma atitude – capaz de tornar feliz um casal, de converter um lar em refúgio seguro, de atuar como força dinâmica numa sociedade. Sim, a solidariedade é uma coisa muito bela, mas necessita de um fundamento sólido. Os seus promotores converteram-na numa espécie de panaceia universal. O mundo andaria muito melhor – dizem – e todos seríamos mais felizes se fôssemos solidários... Os cínicos e os egoístas, porém, não reconhecem nela senão uma forma mais ou menos sofisticada do egoísmo, e por isso abundam as piadas a seu respeito na literatura e na televisão.

O caso é que a solidariedade – a verdadeira solidariedade – é algo que está na própria entranha da mensagem cristã, ainda que os seguidores de Cristo não a chamem assim, mas caridade, amor ou carinho. Jesus, no Evangelho, insiste constantemente na ideia de que não podemos amar a Deus de verdade se não amamos o próximo. Temos que ser como as células do corpo humano, que trabalham juntas pelo bem de todo o corpo. Como membros do Corpo Místico de Cristo, não podemos isolar-nos dos nossos irmãos.

Na Última Ceia, Jesus rezou assim por nós: *Que todos sejam um, como tu, Pai, em mim, e eu em ti; que sejam um, como nós somos um* (Jo 17, 21). Pois bem, se Jesus desaparece de cena, se o suprimimos, tudo perde o seu sentido. A solidariedade converte-se numa piada. Mas a verdadeira solidariedade, a união entre todos nós unicamente por sermos uma só coisa em Cristo, não é nenhuma piada para Ele.

Nós, católicos norte-americanos, costumamos ser, como os nossos demais compatriotas, sumamente individualistas. Ao fim e ao cabo, somos produto da cultura em que vivemos, e a nossa baseia-se mais na competitividade do que na cooperação. «Para a frente, sempre para a frente! Viva a sua própria vida! Desenvolva a sua personalidade! Atreva-se a ser você mesmo!...» Tais são os apelos que ouvimos milhares de vezes. E, assim, concentramos toda a atenção em nós mesmos e talvez também na nossa família, mas apenas como um apêndice do nosso eu.

Não é que, como católicos nem como norte-americanos, tenhamos por natureza um coração duro. Pelo contrário, se alguma coisa nos caracteriza não é a frieza, mas o sentimentalismo. Se os jornais nos contam que uma pobre criança vai morrer de leucemia, chovem-lhe cartas e presentes. Se irrompe um tornado, se há uma inundação ou acontece um terremoto, toda a nação se mobiliza. Se um criminoso é condenado à morte, produz-se uma imensa maré de pedidos de clemência...

Não, não somos insensíveis. Somos esquecediços. Damos cestas de comida aos pobres no Dia de Ação de Graças e enxovais aos recém-nascidos no Natal, mas esquecemos que os pobres têm que comer todos os dias do ano e que as crianças não nascem apenas no Natal. E não é que sejamos egoístas, é que estamos tão imersos nos nossos assuntos e tão preocupados com os nossos problemas, que não pensamos nos outros, a menos que irrompam violentamente nas nossas vidas.

Recordo-me do caso de um conhecido que encontrei no velório do seu melhor amigo. «Não posso me perdoar», disse-me. «Morreu devido aos seus problemas econômicos. Por isso teve esse ataque do coração. Eu tinha uma infinidade de razões para suspeitar disso, mas desentendi-me do assunto... Se o tivesse ajudado, talvez agora não estivesse morto. Mas o meu maldito egoísmo...»

Temo que em muitos casos possamos fazer nossas essas palavras de autorrepreensão. Andamos tão atarantados com as nossas próprias preocupações e problemas que não nos ocorre que os outros podem ter dificuldades ainda maiores. E, assim, tornamo-nos incapazes de aliviar a carga do nosso próximo. Além disso, não percebemos que, quanto mais imersos estamos nos nossos próprios interesses, esquecidos dos outros, mais nos afastamos de Jesus Cristo, que passou toda a sua vida fazendo o bem desinteressadamente, não só no campo espiritual, mas também do ponto de vista material.

O Senhor nunca esteve tão absorto na sua missão de ensinar que esquecesse as necessidades alheias. Em Betsaida, deteve-se para curar o paralítico que não tinha ninguém que o mergulhasse na piscina quando o anjo descia e agitava as águas. Em Naim, ressuscitou o filho único de uma viúva, comovido pela sua dor. E fez o mesmo com Lázaro, seu amigo, diante da dor de suas irmãs. E, a caminho do Calvário, deteve-se para consolar as mulheres que choravam e se condoíam dEle. E, já na Cruz, rogou ao Pai que perdoasse aos seus próprios verdugos... Sempre, sempre os outros e as suas necessidades.

Pois bem, se queremos saber até que ponto estamos perto de Jesus e se somos ou não uma só coisa com Ele, devemos perguntar-nos com frequência: Interesso-me pelos outros? Atendo às suas necessidades?... Talvez as nossas possibilidades de ajuda material sejam muito limitadas; talvez não possamos fazer mais do que já fazemos, apesar de sermos generosos com o nosso dinheiro. Mas não se trata de dinheiro, porque a caridade exige muito mais de nós. Boa prova disso é que estamos dispostos a dar seja o que for para aliviar as penas de alguém, desde que nos dispensem de pensar nelas; que damos facilmente o nosso dinheiro, se o temos, mas não o nosso tempo...

Há duas semanas, numa reunião do Comitê de Senhoras de Ajuda Paroquial, expus a situação de uma paroquiana que estava em vésperas de ter o seu sexto filho, e não encontrava ninguém que se dispusesse a atender os outros cinco durante a sua permanência no hospital; tinha fracassado completamente nas suas buscas. As damas presentes à reunião dispuseram-se imediatamente

GUARDIÃO DO MEU IRMÃO

a procurar e mesmo a pagar a alguém que pudesse prestar o serviço – embora soubessem perfeitamente que não encontrariam –, mas nenhuma se prontificou a assumir a tarefa, ainda que quase todas fossem senhoras com filhos já crescidos e de posição folgada. Se tivessem repartido entre elas a tarefa, cada uma teria se encarregado de meia dúzia de horas, mas nenhuma se mostrou disposta a dar um pouco do seu tempo, isto é, a sacrificar-se...

Quando começamos a preocupar-nos pelo próximo, percebemos que os outros *têm* necessidades e que as oportunidades de praticar a caridade cristã são inúmeras. Por outro lado, a nossa oração se enriquece, porque passamos a ter que pedir por muitas novas intenções. Quantos motivos para orar quando sentimos de verdade as desgraças e os problemas do próximo! Rezamos para que João, que está desempregado, não demore a encontrar trabalho; para que Maria e Carlos não se separem; para que André passe a ir à Missa; para que José se confesse; para que Miguel deixe a bebida; para que Laura rompa com o sem-vergonha do seu noivo; para que o nosso pároco cumpra fielmente o seu ministério e o nosso bispo não fique calado; para que... A lista será cada vez mais longa, e as orações por nós mesmos e pelos nossos familiares mais aceitáveis a Deus, porque a nossa caridade se terá dilatado.

Mas não basta rezar. Também é preciso *atuar*. Observavamos que os filhos dos nossos vizinhos do andar de cima não assistem à catequese paroquial e nos oferecemos para levá-los com os nossos; que os vizinhos do andar de baixo não assistem à Missa aos domingos, e os animamos a fazê-lo; que uns amigos nossos não saem nunca porque não têm com quem deixar as crianças, e nos oferecemos para que fiquem em nossa casa de vez em quando; que aquela pobre viúva ficou paralítica, e a visitamos, para fazer-lhe um pouco de companhia e levar-lhe algum pequeno obséquio... Há tantas, tantas maneiras de levar um pouco de felicidade, alegria e conselho à vida dos que nos rodeiam! É tanta, tanta a alegria que inunda o coração do Senhor com esses pequenos gestos!

Mas a nossa preocupação pelos outros não deve limitar-se à oração e à solicitude para com as necessidades dos que conhecemos. Devemos ser também conscientes das nossas responsabilidades como membros de uma comunidade paroquial. Seria uma pena que encolhêssemos os ombros diante dos insistentes pedidos de ajuda do nosso pároco. Talvez ele nos peça simplesmente a nossa colaboração para a limpeza da igreja ou para reforçar o coro, mas pode ser também que a peça para ensinar o catecismo às crianças ou para dar umas palestras a um grupo de adultos; pode ser que nos convide a participar nas Conferências de São Vicente de Paulo, na Legião de Maria, nos movimentos de casais ou em qualquer outro grupo apostólico aprovado pela Hierarquia. Nesse caso, não nos inibamos, não nos desculpemos, não digamos: «Não tenho tempo». Pensemos com calma e digamos: «*Agora* é o momento»...

Uma aguda sensibilidade para as necessidades materiais e espirituais dos outros. Preocupação pelo próximo. Desejo de *fazer* alguma coisa. Ânsia de manifestar o nosso amor a Deus amando, com obras e de verdade, os nossos irmãos os homens. Tal é a verdadeira *solidariedade* daqueles que querem ser uma só coisa com Cristo.

Que fazes por Cristo?

Quantas pessoas aproximaste de Cristo este ano? E no ano passado? E nos últimos dez anos? E em toda a tua vida? Há alguém que, com toda a verdade, possa dizer que, graças à tua ajuda, se fez católico e conheceu a verdadeira fé?

Nos Estados Unidos, há atualmente uns sessenta milhões de católicos, mais ou menos a terça parte da população. Supondo que dois terços são crianças, temos uns vinte milhões de católicos adultos. No último ano, o número de convertidos que entraram na Igreja foi de uns 150.000, o que quer dizer que só houve um convertido para cada 133 católicos adultos. É uma média nada alentadora, porque, se um deles converteu esse único, que fizeram os outros 132?... Imaginemos o que aconteceria, no prazo de uma década, se cada católico convertesse uma só pessoa por ano. A imensa maioria da população dos Estados Unidos já seria católica...

É pedir muito?... De maneira nenhuma. Basta recordar que, nos primeiros tempos do cristianismo, cada cristão convertia uma multidão de pagãos ao longo da vida. Não será que nos falta zelo, dinamismo, uma fé viva?...

Muitos católicos pensam que converter outras pessoas à fé de Cristo é tarefa exclusiva de sacerdotes e religiosos. Nada mais falso. Antes de subir aos céus, Jesus disse que devíamos ser suas testemunhas até os últimos confins da terra (cfr. At 1, 8). Disse-o aos Apóstolos, sim, mas neles estávamos representados *todos nós*. É verdade que a instrução final dos convertidos e a sua recepção formal na Igreja é tarefa da Hierarquia, mas isso não exclui a nossa intervenção ativa. Com efeito, na maioria dos casos, uma pessoa que acabou por converter-se começou a aproximar-se da Igreja Católica graças às palavras e ao bom exemplo de algum amigo católico.

Estamos convencidos de que temos que ser *testemunhas* de Cristo? Sabemos que fomos chamados, *todos*, a ser apóstolos? Essa vocação – essa chamada –, recebemo-la no momento em que fomos batizados. Incorporados em Cristo, convertemo-nos em membros do seu Corpo Místico. E o característico de um órgão corporal sadio é contribuir para o bem-estar e para o desenvolvimento de todo o corpo. Seremos membros inúteis se não contribuirmos para que esse Corpo cresça, se não cooperarmos ativamente com os demais membros. Mas é que, além disso, pelo Batismo, fizemo-nos partícipes da função sacerdotal de Cristo, num sacerdócio essencialmente diverso daqueles que recebem as Sagradas Ordens, mas que nos habilita a oferecer, unidos a Ele,

QUE FAZES POR CRISTO?

uma adoração aceitável a Deus; e uma das melhores formas de adorá-lo é conseguir que haja outras almas que também o adorem. O que mais *preocupa* a Deus – falando de forma humana – é que todos os homens o conheçam e amem.

A nossa vocação apostólica reforçou-se com o sacramento da Confirmação, que nos dá uma participação mais estreita no sacerdócio de Cristo. A Confirmação torna-nos capazes de *ensinar*, de participar da missão evangelizadora e profética de Cristo, e, ao mesmo tempo, confere-nos um *poder real* de ganhar almas para Cristo. E com o poder, as graças necessárias; quando explicamos aos outros a fé que professamos, recebemos exatamente aquelas graças capazes de suprir as nossas deficiências, de tal forma que não tenhamos que nos preocupar se nos parece que temos pouca capacidade de persuasão.

Ao instituir o sacramento da Confirmação, Cristo não quis dar-nos um meio de fortalecermos apenas a nossa fé, mas também a dos outros. Quis que, graças à coragem que adquirimos com esse sacramento, houvesse outros que se salvassem também. Jesus envia-nos o Espírito Santo para que, mediante a nossa sabedoria sobrenatural, muitos possam chegar a conhecer as verdades divinas. Que grande responsabilidade não é desperdiçar esses poderes, essa sabedoria!

«Bem», dirá este ou aquele, «eu não faço tudo isso, mas, ao menos, preocupo-me pelo crescimento da Igreja... Contribuo generosamente para as missões, ajudo diversas instituições apostólicas e rezo por elas...» Só faltava essa! Isso é o mínimo que um cristão pode fazer. Mas não basta. Porque todos temos o dever de levar Cristo às pessoas que conhecemos, com as quais trabalhamos e com quem nos relacionamos.

Se é assim, por que são tão poucos os católicos que levam adiante um trabalho autenticamente apostólico? Em muitos casos, pode ser devido a um claro complexo de inferioridade. Há quem tenha receio de discutir com um agnóstico ou com um ateu porque pensa que lhe faltam argumentos, que não sabe o suficiente para defender a fé que professa... Se essa ignorância é real, tem um fácil remédio: formar-se doutrinalmente, ler, estudar. Há uma quantidade enorme de livros bons que cumprem perfeitamente esse objetivo; basta pedir conselho ao pároco ou a um bom sacerdote. Se de verdade nos faltam conhecimentos, é por nossa culpa, porque somos preguiçosos ou indolentes, e disso nos serão pedidas contas quando morrermos, no nosso Juízo particular.

No entanto, é evidente que muitos católicos tendem a exagerar a sua ignorância religiosa. Sem dúvida sabem mais do que pensam, sobretudo se cresceram no seio de uma família cristã, estudaram o catecismo e frequentaram uma escola católica. Pode-se dizer sem muito perigo de errar que um católico praticante sabe mais sobre a sua religião do que alguém que não crê nem pratica. Haverá, naturalmente, questões a que não saberá responder, mas em muito menor número do que aquelas outras capazes de despertar interesse ou inquietação em quem não crê ou não pratica.

QUE FAZES POR CRISTO?

O mais provável é que a nossa resistência ou o nosso medo de falar de Cristo provenha de injustificados respeitos humanos, mais do que de um verdadeiro complexo de inferioridade. Temos receio de que nos deem com a porta na cara, de que nos ofendam ou ridicularizem se dizemos que somos católicos praticantes e que procuramos viver a nossa fé. É um medo sem dúvida absurdo. Talvez encontremos de vez em quando uma pessoa tão agressiva ou tão endurecida que não admita sequer um começo de conversa sobre religião, mas sempre será a exceção. O habitual será que o nosso interlocutor se interesse pelo que dizemos, nem que seja apenas por curiosidade; na maior parte dos casos, terá um interesse autêntico, pessoal. Qualquer pessoa inteligente que tenha ideias vagas e imprecisas em matéria de religião ter-se-á perguntado alguma vez: «Para que estou aqui? Que sentido tem a minha vida? Serve para alguma coisa o que faço?» Esse tipo de pessoa não só não se recusará a ouvir o que lhe tivermos para dizer, mas estará desejosa de falar de religião.

Talvez percamos o medo de falar de religião quando verificarmos que os nossos colegas se interessam pelo que fazemos para manter viva a nossa vida espiritual. Se os convidarmos a participar conosco numas palestras de formação, a entrar brevemente numa igreja ou a assistir a um retiro espiritual, será mais fácil entabular uma conversa amistosa, *pessoal*, sobre temas de religião.

Somos católicos. Fomos batizados e crismados. Temos, portanto, uma clara vocação apostólica. Se até hoje a esquecemos ou menosprezamos, chegou o momento de retificar. «Durante os próximos doze meses, com a ajuda de Deus, procurarei aproximar muitas almas de Cristo e, se possível, que pelo menos uma abrace a verdadeira fé». Se fizermos este propósito e o concretizarmos – com nomes e sobrenomes –, teremos enveredado por uma gozosa experiência e descobriremos como é fácil ser apóstolo. Nunca voltaremos a envergonhar-nos de proclamar as verdades em que cremos, e, quase sem o perceber, estaremos em condições de levar ao sacerdote esse nosso amigo que não pratica ou que diz não ter fé.

E como atuar? Da forma mais direta, simples e natural possível. Não é difícil que, conversando com um colega de estudos ou de trabalho, durante a sobremesa do almoço, ao sair da Faculdade ou do escritório, ou à mesa de um bar, surja a pergunta de que talvez esteja à espera: «Você não pensou nunca em fazer-se católico?» Ou então: «Por que não se confessa e sai de uma vez dessa situação absurda que o afasta de Deus?» Perguntas como essas, diretas, incisivas, feitas com caridade, costumam ser mais frutíferas que uma longa discussão intelectual. Além disso, abrem caminho para passos bem concretos: uns cursos de instrução na fé católica, umas palestras de formação, uns dias de retiro... Às vezes, pedir a um amigo que nos acompanhe à Missa – com uma explicação prévia sobre o seu significado – pode ser o começo de uma conversão. E o mesmo se pode dizer dos meios de formação.

Uma vez que estejas convencido intimamente de que *tens uma vocação apostólica*, encontrarás mil formas diferentes de pô-la em prática. E te encherás de confiança, pois perceberás que é uma verdade divina, não uma elocubração humana, o que queres comunicar.

Deus está mais interessado que tu em que essa pessoa se converta, em que essa outra abandone a situação de pecado em que se encontra e se reconcilie com Ele, em que aquela o siga mais de perto e comece a dar frutos apostólicos, como tu... E a cada passo que deres, a graça de Deus estará bombardeando a alma desses teus amigos para encontrar uma brecha por onde penetrar e mover-lhe o coração.

Se começares a levar a sério a tua vocação apostólica, quando, no final de um ano, alguém te perguntar o que fizeste por Cristo, por estender a sua Fé, poderás dar uma resposta positiva. E ainda que ninguém te pergunte, Deus o fará, na esperança de que não tenhas que ficar calado...

Como morre um cristão?

Tens medo da morte? Se acordas uma noite com fortes palpitações e uma sensação de sufoco, pensas imediatamente, aterrado, que vais morrer? Se escapas por um triz de um grave acidente de automóvel, ficas trêmulo e com as pernas bambas durante horas e horas? Se vês o cadáver despedaçado de um homem que acaba de ser atropelado, pensas logo na tua própria fragilidade? Quando morre um amigo íntimo ou um parente, ficas deprimido ante a ideia de que mais cedo ou mais tarde chegará a tua hora?

Se a resposta a todas essas perguntas for *sim*, podes estar tranquilo; és uma pessoa normal. O medo da morte é uma coisa *saudável*, um mecanismo de autodefesa de que Deus nos dotou para que vivêssemos o tempo que temos que viver. Se não fosse por esse medo de morrer, assumiríamos riscos desnecessários e mal cuidaríamos de conservar a nossa saúde. Uma proteção adequada da nossa própria vida é um dever que Deus nos impôs no quinto Mandamento, um dever cujo cumprimento nos facilitou pondo em cada um de nós esse medo da morte que se conhece pelo nome de «instinto de conservação».

A angústia que nos causa pensar na morte intensifica-se com a das dores e sofrimentos que geralmente a precedem e, também, com o medo do desconhecido. A fé nos diz que a vida no Céu não será *muito* diferente desta, mas que é «outra coisa»... Perderei a minha identidade? Serei *realmente* feliz? A nossa reação diante da outra vida é como a do esquimó que viveu sempre entre a neve e ouve falar das maravilhas dos climas cálidos. Escuta pacientemente a descrição da paisagem, das delícias do sol, dos frutos do campo, do gorjeio dos pássaros e, no fim, pergunta: «Sim, tudo isso deve ser muito bom, mas pode-se caçar focas por lá?»... É que somos extremamente refratários a «trocar» os nossos gostos favoritos e os nossos prazeres costumeiros por outros desconhecidos e pobremente descritos que a eternidade nos oferece. É uma atitude que só com uma fé viva e profunda podemos superar.

Assim como há um medo saudável da morte, que é bom ter, há um medo mórbido e insano que convém evitar. Quem o padece vive obcecado pelo pensamento de que vai morrer, apavora-se só de pensar que pode adoecer ou sofrer um acidente e foge constantemente de tudo o que lhe lembra essa realidade derradeira, ao ponto de ser incapaz de contemplar um cadáver ou de ir a um enterro.

Não é esse o medo *natural* da morte de que falamos aqui. Esse receio, enquanto simples reação emotiva co-

COMO MORRE UM CRISTÃO? 121

mum a todos nós, não serve como termômetro para medir a nossa temperatura espiritual. Podemos estar tão convencidos quanto é possível humanamente de que nos encontramos em estado de graça e, no entanto, estremecer diante da ideia da morte, porque as emoções e os sentimentos não são coisas que se possam acender ou apagar como uma lâmpada através do interruptor; não obedecem facilmente à disciplina da razão nem tampouco à da fé.

Há pessoas que pensam que sentir medo da morte é algo vergonhoso, que quem tem fé não deveria sentir esse medo. Quando alguém faz gala de que não lhe importa morrer, o mais provável é que nunca tenha tido que enfrentar a morte cara a cara, e assim o seu medo nunca despertou; ou, então, que o seu medo é tão intenso que tem de fingir que não o vê.

Talvez alguém se pergunte: se temer a morte é tão natural, por que os santos parecem ter sido imunes a esse sentimento? São Paulo desejava morrer para se juntar a Cristo, e São Lourenço e São Tomás More brincavam com os seus verdugos. Os primeiros mártires cristãos iam ao encontro das feras cantando. Por acaso o medo da morte será incompatível com a santidade?

Na realidade, não se trata disso. Os santos não se dedicaram a esmagar esse medo como uma fraqueza imprópria deles: o que acontece é que uma emoção empalidece diante de outra muito mais forte, como o sol nascente faz empalidecer a lua. Não se trata de que os santos tenham que ter menos medo da morte física do que nós; é que, para eles, essa realidade fica absorvida pela avidez com que desejam possuir a Deus plenamente quanto antes.

Há algum tempo, falaram-me de um rapaz que atravessou de um salto uma porta de vidro para se lançar nos braços de seu pai, quando o viu descer de um táxi. O pai acabava de chegar de uma longa viagem, e o rapaz, ansioso por abraçá-lo, esqueceu-se da porta em questão. Nem sequer percebeu que se tinha cortado até que o pai lhe fez notar que estava sangrando. E não é raro ouvir falar de pais e mães que se lançaram para o meio das chamas ou nas águas geladas de um lago para salvar um filho. Em tais casos, uma emoção tão irreprimível como o medo é anulada por outra ainda mais forte: o amor. Este não afastou do coração o medo, mas converteu-o em algo irrelevante.

Talvez tenha chegado o momento de nos perguntarmos como deve morrer um cristão. A resposta é clara: deveríamos morrer *santamente*, isto é, olhando para o Céu com olhos tão cheios de desejos de Deus que não nos preocupasse absolutamente essa porta prévia da morte, que temos que atravessar. Se neste momento compreendemos que nos falta esse amor, não devemos resignar-nos e cruzar os braços. Deus nos dará esse amor se o pedirmos e fizermos o que estiver ao nosso alcance para adquiri-lo.

Isso quer dizer que temos que rezar muito e também que temos que nos exercitar no amor a Deus amando o nosso próximo. Porque a melhor maneira de manifestarmos o nosso amor a Deus – e de crescer nesse amor – é amar os nossos irmãos. Cada vez que somos generosos com os outros, cada vez que lhes perdoamos ou os tratamos com benevolência e os ajudamos, sentimo-nos mais perto de Deus. Basta que comecemos a fazê-lo para perceber que nos tornam mais próximos, mais reais, mais dignos de amor.

Também podemos aumentar a nossa fome de Deus lendo e meditando livros que nos falem dEle, da sua natureza, dos seus atributos e do que significa poder contemplá-lo cara a cara no Céu. A imprensa, o cinema, o rádio e a televisão enchem as nossas cabeças de ideias e imagens vazias que têm um valor muito relativo. No entanto, quase nunca nos chega ao conhecimento um pouco daquilo que tem para nós valor de eternidade. Sabemos mais da vida íntima da rainha da Inglaterra que da de Deus; estamos a par da boa vida que as pessoas famosas levam, mas não nos interessamos em imaginar a felicidade dos santos no Céu; conhecemos em detalhe como são ou como vivem os campeões esportivos, mas ignoramos a vida dos santos que nos precederam... Pensamos, infelizmente, que a leitura espiritual é própria de padres e freiras, como se fossem os únicos que precisassem pensar na morte ou no Céu.

Não é possível amar a quem não se conhece. Por isso, não podemos amar a Deus se não o conhecemos. Não podemos saber como é a outra vida se não nos informamos, se não refletimos, se não lemos. Se a nossa ideia do Céu é a mesma que tínhamos quando íamos ao colégio, não é de estranhar que não nos entusiasme nada o pensamento de ter que passar pela barreira da morte. Ao longo da vida, aprendemos uma infinidade de coisas sobre o amor humano, porque amamos e somos amados. No entanto, sobre o Amor divino e sobre o *lugar* em que se consumará esse amor – o Céu não é outra coisa –, pensamos nos termos mais abstratos e vagos que se possa imaginar. Por isso, frases como «ver a Deus» ou «estar unido a Deus» nos deixam indiferentes.

É preciso que nos esforcemos por compreender o que significa ficarmos submersos nesse ciclone do Amor absoluto; nesse intensíssimo amor de tu a tu, mediante o qual eu serei todo de Deus e Deus todo meu; uma união pela qual a minha alma, convertida em chama de amor, arderá com uma paixão inefável e felicíssima; uma fusão tão arrebatadora que tornará inevitável o êxtase, um êxtase que excluirá qualquer sombra de dor, porque não terminará nunca... Sim, quando formos capazes de captar, nem que seja um pouquinho, a verdadeira natureza da visão direta de Deus, do amor e da felicidade de que gozaremos no Céu, a morte deixará de nos mostrar a sua face sombria e perderemos o medo.

À medida, pois, que formos crescendo no amor a Deus, não só irá diminuindo o nosso medo da morte, como até o converteremos em instrumento de amor. Não esqueçamos que a morte veio ao mundo pelo pecado; portanto, se oferecermos o nosso medo da morte em expiação pelos nossos pecados e pelos pecados de todo o mundo, estaremos fazendo desse medo um uso magnífico.

Quando a ideia da morte nos angustiar, poderemos unir-nos a Jesus no Horto das Oliveiras, onde Ele ofereceu a sua vida ao Pai, suando um suor de sangue em expiação pelos nossos pecados. Entre outras coisas, fez isso para que a tua morte e a minha pudessem ser vitoriosas. Poderemos dizer-lhe: «Cumpra-se a tua vontade, meu Deus. Que a minha morte seja também instrumento para a salvação de muitos»... Com atos como esse, de aceitação e oferecimento da nossa própria morte, iremos vencendo pouco a pouco a nossa repugnância e a nossa angústia. A Igreja reconheceu o valor de tais atos e oferece, àqueles que tenham rezado habitualmente ao longo da vida, uma indulgência plenária na hora da morte.

Sempre que falo ou escrevo sobre a morte, recordo-me dos últimos momentos da senhora Lemay, uma simpática anciã de faces rosadas e olhos profundamente azuis, que permaneceu vários meses inválida e prostrada no leito, na casa de uma filha. Tinha recebido várias vezes os Santos Óleos e, quando me pediram para levar-lhe o Viático, recebeu-me com um sorriso inefável, dirigido, mais do que a mim, Àquele que eu trazia no meu peito. Apoiada sobre um monte de travesseiros, recebeu Jesus Sacramentado com grande devoção, respondendo às minhas orações. Quando, no fim, fiz o sinal da Cruz com as mãos para abençoá-la, fechou os olhos e recolheu-se em fervoroso silêncio. Depois de ter purificado a píxide, perguntei-lhe, como fazia sempre, como se sentia. A sua filha e eu não percebemos que já não estava conosco, que já nos tinha deixado silenciosamente. Antes de morrer, tinha aberto novamente os olhos, que estavam cravados no Crucifixo, onde o próprio Cristo, que ela tinha acabado de receber, lhe abria os braços.

Penso que nada ilustra melhor a maneira de morrer de um cristão do que a morte da senhora Lemay. Porque o seu trânsito não foi nada de excepcional. Não quero dizer, naturalmente, que todos os bons cristãos morram de maneira tão indolor, nem que tenham a sorte de falecer logo depois de receberem a Sagrada Comunhão. O que quero dizer é que, nos meus trinta e três anos de ministério sacerdotal, nunca – repito: nunca – vi um só bom católico que estivesse com medo de morrer no momento de expirar. Alguns mostravam-se inquietos antes de receberem a Unção dos Enfermos, mas tranquilizavam-se logo que lhes administrava os Santos Óleos. Realmente, é como um milagre ver a transformação que neles se opera.

Deus, para garantir a sobrevivência do gênero humano, concedeu-nos um instinto que nos leva a repelir a ideia da morte e a ter medo aos sofrimentos que a precedem. No entanto, na sua bondade, costuma eliminar esse sentimento e esse medo quando chega realmente o momento; e, quanto aos sofrimentos prévios, proporciona um adequado aumento de coragem e de resistência. Tenho a impressão de que, ao ultrapassarmos os umbrais da morte, o nosso primeiro pensamento será este: «Afinal de contas, não era para tanto...»

Como deve morrer um cristão?... Se o somos realmente, não só devemos morrer, mas de fato *morreremos* fazendo um duplo ato de fé e de esperança: fé em que a morte não é senão a porta que nos permite entrar na verdadeira vida, para a qual fomos criados; esperança na infinita misericórdia de Deus, que se contenta com tão pouco...

A morte será também, em si mesma, um ato de amor: uma amorosa aceitação dos planos de Deus e da sua divina vontade. Mas não será o nosso último ato de amor. A fé e a esperança, essas sim, terminarão com a nossa morte, mas o amor, um amor inefável que não somos capazes de imaginar, não terá feito mais do que começar.

Direção geral
Renata Ferlin Sugai

Direção editorial
Hugo Langone

Produção editorial
Juliana Amato
Gabriela Haeitmann
Ronaldo Vasconcelos
Roberto Martins

Capa
Gabriela Haeitmann

Diagramação
Sérgio Ramalho

ESTE LIVRO ACABOU DE SE IMPRIMIR
A 19 DE MARÇO DE 2024,
EM PAPEL PÓLEN BOLD 90 g/m².